CONTEÚDO DIGITAL PARA ALUNOS
Cadastre-se e transforme seus estudos em uma experiência única de aprendizado:

1 Entre na página de cadastro:
www.editoradobrasil.com.br/sistemas/cadastro

2 Além dos seus dados pessoais e de sua escola, adicione ao cadastro o código do aluno, que garantirá a exclusividade do seu ingresso a plataforma.

3320046A1451950

3 Depois, acesse: www.editoradobrasil.com.br/leb
e navegue pelos conteúdos digitais de sua coleção :D

Lembre-se de que esse código, pessoal e intransferível, é valido por um ano. Guarde-o com cuidado, pois é a única maneira de você utilizar os conteúdos da plataforma.

CB037189

Editora do Brasil

MARIA CRISTINA G. PACHECO
- Pesquisadora licenciada em Pedagogia e Artes Plásticas
- Professora de Espanhol e Inglês em instituições de ensino de São Paulo
- Autora de livros didáticos e paradidáticos para o ensino de línguas estrangeiras
- Pioneira na formação de professores de Espanhol para brasileiros

APOEMA
ESPANHOL 7

1ª edição
São Paulo, 2019

Dados Internacionais de Catalogação na Publicação (CIP)
(Câmara Brasileira do Livro, SP, Brasil)

Pacheco, Maria Cristina G.
 Apoema espanhol 7 / Maria Cristina G. Pacheco. – 1. ed. – São Paulo : Editora do Brasil, 2019. – (Apoema)

 ISBN 978-85-10-07773-6 (aluno)
 ISBN 978-85-10-07774-3 (professor)

 1. Espanhol (Ensino fundamental) I. Título. II. Série.

19-28349 CDD-372.6

Índices para catálogo sistemático:
1. Espanhol : Ensino fundamental 372.6

Maria Paula C. Riyuzo - Bibliotecária - CRB-8/7639

1ª edição / 3ª impressão, 2022
Impresso na Melting Indústria Gráfica

Rua Conselheiro Nébias, 887
São Paulo, SP – CEP 01203-001
Fone: +55 11 3226-0211
www.editoradobrasil.com.br

© **Editora do Brasil S.A., 2019**
Todos os direitos reservados

Direção-geral: Vicente Tortamano Avanso

Direção editorial: Felipe Ramos Poletti
Gerência editorial: Erika Caldin
Supervisão de arte e editoração: Cida Alves
Supervisão de revisão: Dora Helena Feres
Supervisão de iconografia: Léo Burgos
Supervisão de digital: Ethel Shuña Queiroz
Supervisão de controle de processos editoriais: Roseli Said
Supervisão de direitos autorais: Marilisa Bertolone Mendes

Supervisão editorial: Selma Corrêa
Edição: Esther Herrera Levy
Assistência editorial: Camila Grande, Camila Marques, Carolina Massanhi, Gabriel Madeira e Mariana Trindade
Auxílio editorial: Laura Camanho
Copidesque: Gisélia Costa, Ricardo Liberal e Sylmara Beletti
Revisão: Elaine Silva, Elis Beletti e Rosani Andreani
Pesquisa iconográfica: Tatiana Lubarino
Assistência de arte: Daniel Souza
Design gráfico: Estúdio Anexo e Renné Ramos
Capa: Megalo Design
Imagem de capa: mofles/iStockphoto.com
Ilustrações: Ilustra Cartoon, João P. Mazzoco, Marcelo Azalim, Marcos Guilherme e Wasteresley Lima
Produção cartográfica: DAE (Departamento de Arte e Editoração) e Sonia Vaz
Coordenação de editoração eletrônica: Abdonildo José de Lima Santos
Editoração eletrônica: YAN Comunicação
Licenciamentos de textos: Cinthya Utiyama, Jennifer Xavier, Paula Harue Tozaki e Renata Garbellini
Produção fonográfica: Cinthya Utiyama e Jennifer Xavier
Controle de processos editoriais: Bruna Alves, Carlos Nunes e Stephanie Paparella

APRESENTAÇÃO

¡Hola! Bienvenido al Projeto Apoema!

O conhecimento de uma língua estrangeira é essencial para o acesso a novos mundos, para ampliar nossas opções no futuro e conseguirmos boa colocação no mercado de trabalho. Por isso, é importante e gratificante aprender a língua espanhola – que conecta o mundo todo –, compreender as culturas das quais essa língua faz parte e interagir com elas de maneira única.

Apoema é uma palavra da língua tupi que significa "aquele que vê mais longe". Nosso objetivo é levar você a conhecer lugares, pessoas, comidas e costumes diferentes durante o aprendizado da língua espanhola e a desenvolver habilidades para usá-la corretamente.

Nossa metodologia ensina o uso do espanhol por meio de assuntos atuais e interessantes para que você possa se comunicar usando essa língua, entendê-la e escrevê-la de forma fluente. Você irá inter-relacionar-se com o mundo e expandir seus horizontes, ou seja, verá mais longe.

¡MANOS A LA OBRA!

CONHEÇA O SEU LIVRO

Na **abertura de unidade**, você verá o conteúdo que será estudado e praticará a língua espanhola por meio de uma ou várias atividades relacionadas a imagens e conhecimentos básicos.

O livro tem oito unidades e cada uma contém quatro capítulos. O **Capítulo 1** começa com a seção **¡Prepárate!**, que apresenta um texto de introdução ao tema da unidade, que pode ser trabalhado como exercício de áudio acompanhado de atividades de interpretação.

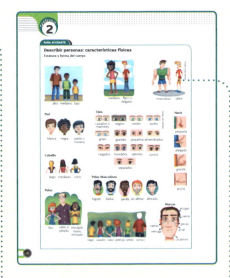

Na seção **¡Lengua!**, você encontra tópicos gramaticais explicados de forma detalhada.

Na seção **Bolígrafo en mano**, você pode consolidar o que aprendeu por meio de atividades de escrita que abrangem os mais diversos fins, sempre com foco na gramática e no vocabulário abordados na unidade.

O boxe **Para ayudarte** aparece várias vezes no decorrer da unidade, com palavras e expressões relacionadas ao assunto estudado, além de diversas ocorrências de determinado termo no mundo hispanofalante, o que propicia a ampliação de seu vocabulário.

A subseção **¡Practiquemos!** indica exercícios que privilegiam a prática de escrita para consolidação de algum tópico gramatical, vocabulário etc., além de interpretação e trabalho com texto.

O boxe **¡Descubre más!** apresenta sugestões de vídeos, filmes, livros, *websites* etc., sempre alinhadas ao assunto da unidade.

A seção **A escuchar** sinaliza exercícios com desenvolvimento de áudio. O objetivo é ajudá-lo a entender a língua falada, a fixar a pronúncia de novos vocabulários e estruturas da unidade e identificar variações de pronúncia e sotaque.

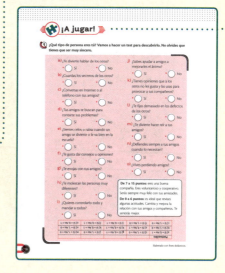

Na seção **¡A jugar!** os exercícios são mais lúdicos para você praticar a língua espanhola de forma divertida.

CONHEÇA O SEU LIVRO

O objetivo do boxe **En equipo** é promover a socialização e atuação em equipe por meio de uma atividade que envolverá uma breve pesquisa em grupo e um debate coletivo com base nos dados coletados.

No **Capítulo 4** de cada unidade, ora você encontra a seção **Soy ciudadano**, ora a **Atando cabos**, que têm interação multidisciplinar e trabalham com textos voltados à formação cidadã.

A seção **La palabra del experto** é apresentada geralmente duas vezes em cada livro, trazendo textos escritos por especialistas de diversas áreas sobre temas atuais e relacionados ao assunto da unidade.

Na seção **Cultura en acción**, você tem a oportunidade de consolidar, preparar, elaborar e ampliar de forma interdisciplinar um tema já abordado no volume. Por meio do trabalho com um bem artístico-cultural, são desenvolvidas propostas de pequenos projetos que podem ser executados ao final de cada semestre.

Em algumas atividades, você encontrará os ícones a seguir.

 Indica atividades que usam áudio nas seções **¡Prepárate!** e **A escuchar**.

 Apresenta atividades orais.

 Indica atividades que utilizam o dicionário.

Em todas as unidades há atividades adicionais, reunidas na seção **Ahora te toca a ti**, para você revisar o conteúdo e praticar ainda mais o que aprendeu.

A seção **Desafío** é composta de questões do Exame Nacional do Ensino Médio (Enem), de vestibulares etc., para você se preparar para as provas das instituições de Ensino Superior.

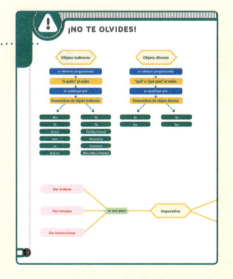

No final de cada livro há um breve glossário bilíngue (**Glosario**) dos termos encontrados nas unidades.

A seção **¡No te olvides!**, encontrada no final das unidades pares, contém mapas conceituais dos conteúdos de gramática e vocabulário das duas últimas unidades. A seção **Repaso**, apresentada em seguida, traz atividades com o objetivo de consolidar seu conhecimento do conteúdo das unidades.

SUMARIO

Unidad 1 – Me gusta la carne, pero...

	¡Prepárate!: Tipos de dieta	12
Capítulo 1	Verbo gustar y el tiempo condicional	13
	Frutas	14
	Verduras y legumbres	15
Capítulo 2	Alimentos de origen animal	16
	Grados de los adjetivos	19
Capítulo 3	Bolígrafo en mano: Campaña lunes sin carne; Lunes sin carne; La expansión del cultivo de soja	21
	Tratamiento formal e informal: uso de tú y usted/voseo/tuteo	22
Capítulo 4	Atando cabos: Cuáles son los tipos de dietas	26
	La palabra del experto: Dietas vegetarianas	28
	Ahora te toca a ti	30

Unidad 2 – ¡Dale, campeón!

Capítulo 1	¡Prepárate!: Juegos deportivos	34
Capítulo 2	Pretérito perfecto simple	36
Capítulo 3	Bolígrafo en mano: Rutina diaria	40
	¡A jugar!: Juego de las 5 Marías	41
Capítulo 4	Soy ciudadano: Deporte para el desarrollo en América Latina y el Caribe	42
	Ahora te toca a ti	44
¡No te olvides!		46
Repaso		48
Desafío		49

Unidad 3 – ¿A quién te pareces?

Capítulo 1	¡Prepárate!: Fotos antiguas	52
	Pretérito perfecto simple y pretérito imperfecto	53
Capítulo 2	Describir personas: características físicas	56
	Describir personas: personalidad	58
	Bolígrafo en mano: Mi perfil	58
Capítulo 3	Adjetivos descriptivos	61
Capítulo 4	Soy ciudadano: Recursos para entender la diversidad social	62
	Ahora te toca a ti	64

Unidad 4 – ¡Siempre listo!

Capítulo 1	¡Prepárate!: ¿Qué hace un scout?	68
	¿Qué son los scouts y qué hacen?	69
Capítulo 2	Preposiciones	70
	Bolígrafo en mano: La emotiva historia del niño de 6 años que construía pozos en África	73
Capítulo 3	Plural de los sustantivos	74
Capítulo 4	Atando cabos: Definición de ONG	78
	Cultura en acción: Deportes en el Caribe y Sudamérica	80
	Ahora te toca a ti	82
¡No te olvides!		84
Repaso		86
Desafío		88

Unidad 5 – ¡Amigo no se compra!

Capítulo 1	¡Prepárate!: Animales domésticos	92
	Adverbios secuenciales de tiempo	93
Capítulo 2	Atando cabos: Según un estudio las historias con animales humanizados confunden a los niños	94
Capítulo 3	Objeto directo	95
	Objeto directo: pronombres complementarios	96
	El Leísmo	98
	Objeto indirecto	98
	Objeto indirecto: pronombres complementarios	99
Capítulo 4	Atando cabos: Declaración Universal de los derechos de los animales	102
	Ahora te toca a ti	104

Unidad 6 – Las diferencias nos hacen únicos

Capítulo 1	¡Prepárate!: El *bullying*	108
	Bolígrafo en mano: *Bullying*	109
	Soy ciudadano: Valores éticos, sociales, cívicos y políticos	110
Capítulo 2	Imperativo	111
Capítulo 3	La palabra del experto: *Bullying*: acoso escolar	117
Capítulo 4	Soy ciudadano: Lucha contra la violencia y el acoso en el entorno escolar: la labor de la Unesco	119
	Ahora te toca a ti	120

¡No te olvides!	122
Repaso	124
Desafío	125

Unidad 7 – ¡Que no te pegue el dengue!

Capítulo 1	¡Prepárate!: Todos juntos contra el dengue	128
	Las perífrasis verbales Tener que y Hay que + infinitivo	131
Capítulo 2	Los Heterogenéricos	133
Capítulo 3	La prevención, los síntomas y tratamientos del dengue	136
Capítulo 4	Soy ciudadano: ¿En qué medida un ambiente más sano puede contribuir a evitar enfermedades?	138
	Ahora te toca a ti	139

Unidad 8 – ¡Me encanta ser brasileño!

Capítulo 1	¡Prepárate!: Patriotismo	142
	Pretérito perfecto compuesto	143
Capítulo 2	Adverbios de afirmación, de duda y de negación	147
Capítulo 3	Test de memoria	148
Capítulo 4	Atando cabos: Brasil celebra una de las mayores fiestas deportivas indígenas del mundo	149
	Cultura en acción: El ritmo caribeño y sudamericano	150
	Ahora te toca a ti	152

¡No te olvides!	154
Repaso	156
Desafío	157

Glosario	158

UNIDAD 1

ME GUSTA LA CARNE, PERO...

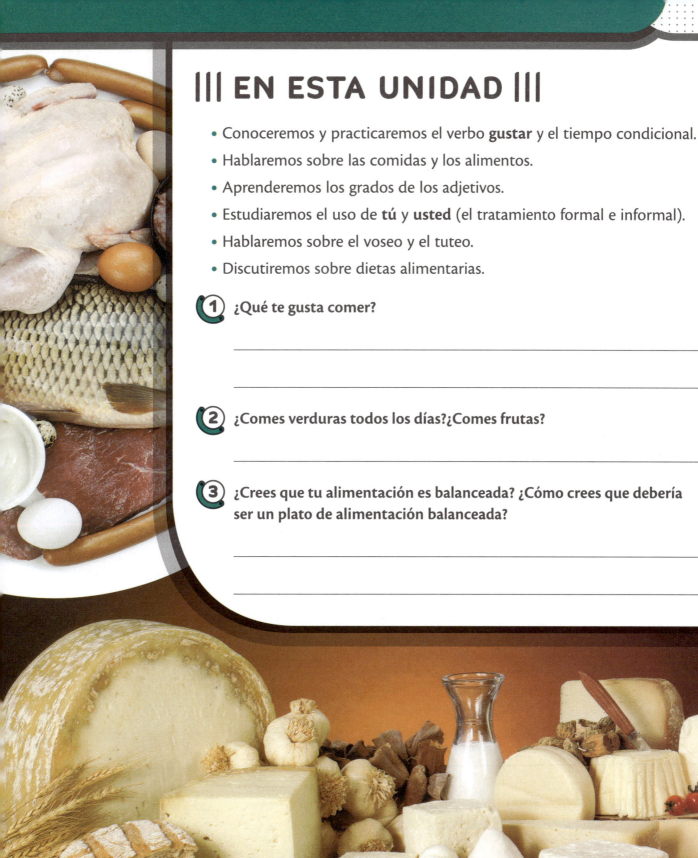

||| EN ESTA UNIDAD |||

- Conoceremos y practicaremos el verbo **gustar** y el tiempo condicional.
- Hablaremos sobre las comidas y los alimentos.
- Aprenderemos los grados de los adjetivos.
- Estudiaremos el uso de **tú** y **usted** (el tratamiento formal e informal).
- Hablaremos sobre el voseo y el tuteo.
- Discutiremos sobre dietas alimentarias.

1 ¿Qué te gusta comer?

_____

_____

2 ¿Comes verduras todos los días? ¿Comes frutas?

_____

3 ¿Crees que tu alimentación es balanceada? ¿Cómo crees que debería ser un plato de alimentación balanceada?

_____

_____

||| ¡Prepárate! |||

1 ¿Qué pasa en el diálogo?

Pablo, Jorge y Martina salen de la escuela y van a casa de Pablo a almorzar. Después van a hacer un trabajo para la escuela.

Jorge: ¿Estás seguro de que podemos almorzar en tu casa, Pablo?

Pablo: Sí, ya está todo combinado. Almorzamos y después hacemos el trabajo de historia.

Martina: Sí, esto del trabajo ya lo sabemos, pero ¿podemos almorzar? ¿Tu mamá no se enojará?

Pablo: Para nada. A ella le gusta que vengan a nuestra casa.

En la mesa

Madre: ¿Te sirvo un poco más?

Jorge: Sí, por favor. ¡Qué rico! ¿Qué es?

Madre: Es soya. ¿No la comen en tu casa?

Jorge: No, en mi casa somos todos carnívoros.

Madre: En esta casa somos todos vegetarianos y comemos muchas verduras, legumbres y granos. Nos parece más sano.

Martina: Es que siempre que pienso en comida ya pienso en carne. Pero la verdad es que todo esto es muy rico. Yo comería así todos los días.

Madre: ¡Es cuestión de decidirse y empezar!

a) ¿Adónde van a almorzar Pablo y Martina? ¿Y qué van a hacer después del almuerzo?

_____

b) ¿De qué tienen miedo Jorge y Martina?

_____

c) ¿Qué dieta siguen en las casas de Jorge y Martina?

_____

d) ¿Qué tipo de dieta siguen en la casa de Pablo? ¿Qué opina la madre de Pablo de su propia dieta?

_____

_____

Verbo gustar y el tiempo condicional

El verbo **gustar** debe ser conjugado como los verbos **encantar** o **agradar** en español o en portugués. Ejemplos:

gustar	encantar/agradar
A mí **me gusta** mucho la carne, pero por respeto a los animales quiero dejar de comerla.	A mí **me encanta** la carne, pero por respeto a los animales quiero dejar de comerla.
¿**Te gusta** la música brasileña?	¿**Te agrada** la música brasileña?

Observa el cuadro abajo.

A mí	me gusta
A ti	te gusta
A él/ella/usted	le gusta
A nosotros	nos gusta
A vosotros	os gusta
A ellos/ellas/ustedes	les gusta

El **tiempo condicional** es usado como expresión de cortesía y de opinión. Ejemplos:
- Yo **comería** así todos los días.
- ¿Te **gustaría** comer de otra forma?

Observa el cuadro abajo.

Yo	sería
Tú	serías
Él/ella/usted	sería
Nosotros	seríamos
Vosotros	seríais
Ellos/ellas/ustedes	serían

¡Practiquemos!

1 Mira las imágenes y completa los espacios usando los verbos GUSTAR y SER.

a) 👍 Me _____ cuando te ríes.

b) 🤏 ¿El mundo _____ mejor si nos tratásemos con amabilidad?

c) 👎 No me _____ las películas de terror.

PARA AYUDARTE

Frutas

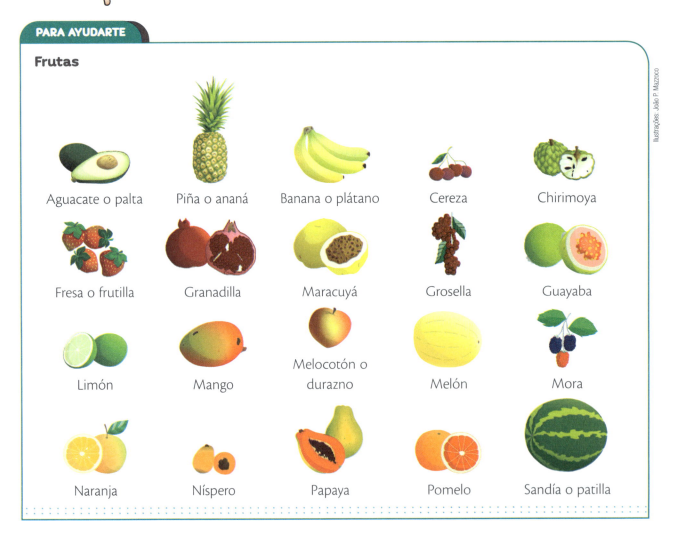

¡Practiquemos!

1 Te vas de excursión al bosque con algunos compañeros. ¿Qué frutas llevarías y por qué? Discute con tus compañeros cuáles frutas deben ir en la cesta, considerando espacio, tamaño y propiedades de cada una.

PARA AYUDARTE

Verduras y legumbres

Ajo	Berenjena	Brócoli	Calabacín/ zapallito	Calabaza/zapallo
caña de azúcar	cebolla	Pimienta	Coliflor	Espinaca
Judias, frijol o poroto	Lechuga	Maíz	Mandioca o yuca	Quimbombó
Patata/papa	Pimento/Ají	Remolacha	Repollo	Zanahoria	Berro/albahaca

¡Practiquemos!

1 Ayuda a tu padre / madre con las compras en la verdulería. ¿Qué verduras y legumbres llevarías y por qué?

_____

_____

2 ¿Cuáles de estas verduras son tus preferidas? ¿Comes verduras todos los días? Elige una de ellas e investiga sus propiedades.

Actividad oral

CAPÍTULO 2

PARA AYUDARTE

Alimentos de origen animal

Huevo	Leche	Miel
Bistec	Carnes de buey o vaca	Pollo, gallina	Costilla de cerdo, puerco o chancho
Huevas	Pescado	

¡Practiquemos!

1. ¿Cuáles de estos alimentos son tus preferidos? ¿Los comes todos los días? Elige uno de ellos e investiga sus propiedades.

_____

_____

2. De todos los alimentos que tratamos hasta ahora ¿cuáles consideras que son los más sanos?

_____

_____

3 ¿Qué alimentos comes que no son sanos? ¡Sé sincero y cuéntanos!

_____
_____
_____

4 Completa el "plato del bien comer" con los nombres y las mejores opciones de cada grupo alimenticio.

_____
_____
_____
_____

¡A jugar!

1 Encuentra 9 alimentos en la sopa de letras.

T	K	S	I	Y	U	M	E	M	B	R	I	P	I	Ñ	A	Z
I	J	E	A	D	P	O	L	L	O	H	J	O	L	N	O	U
N	Z	A	U	D	E	R	T	I	U	M	E	S	C	E	I	A
M	A	L	I	Z	I	F	G	A	T	U	D	E	J	O	A	T
B	N	N	S	M	I	O	D	U	M	T	R	A	B	Í	C	P
O	A	W	R	I	Y	S	Ñ	I	A	T	O	L	D	I	A	F
D	H	E	H	E	M	R	U	S	Í	Y	E	N	H	B	L	E
S	O	D	I	L	W	D	C	R	Z	O	A	W	E	B	E	G
W	R	R	F	X	J	U	P	H	E	S	O	B	T	O	C	E
Z	I	O	A	A	S	P	I	R	T	E	X	B	A	Ñ	H	H
L	A	E	D	M	E	N	T	O	F	G	U	I	D	R	E	K
N	O	A	U	Z	A	F	R	U	T	I	L	L	A	O	P	T

2 Ayuda a tu padre / madre a hacer la compra del supermercado. Escribe los alimentos que tú crees que son esenciales para tener siempre en casa. ¿Son saludables o no tanto? Luego, discute con tus compañeros para ver si ellos tienen las mismas prioridades.

¡Lengua!

Grados de los adjetivos

Los adjetivos pueden ser usados en tres grados: **positivo**, **comparativo** y **superlativo**.

Positivo

Es cuando, simplemente, los usamos dando calidad a algo. Ejemplos:

Las bibliotecas son **importantes**.

Las librerías son **importantes**.

Comparativo

Es cuando se establece una relación de igualdad, inferioridad o superioridad entre las cualidades. Mira los ejemplos.

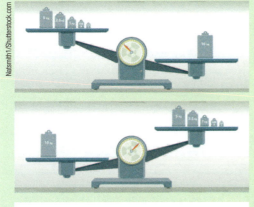

Comparativo de superioridad

Las bibliotecas son **más importantes que** los bancos.

Comparativo de inferioridad

Los bancos son **menos importantes que** las bibliotecas.

Comparativo de igualdad

Los bancos son **tan importantes como** las bibliotecas.

Para reforzar los comparativos de superioridad e inferioridad, se puede usar la forma **mucho** antes de **mejor**, **peor**, **mayor** y **menor**. Ejemplos:

Es **mucho mejor** ir a una biblioteca que a un banco.

El espacio de la biblioteca es **mucho mayor** que el espacio del banco.

Superlativo

Expresa una cualidad de forma intensa.

Superlativo absoluto

Indica el grado máximo de una cualidad. Ejemplos:

Las bibliotecas son **importantísimas**.

Los clubes también son **muy importantes**.

Para formar este grado se usan los sufijos **ísimo/ísima** junto a los adjetivos, o por la anteposición de algunos adverbios, como **muy**, **sumamente** etc. Ejemplos:

Las bibliotecas **son sumamente** importantes.

Los clubes y las librerías son **muy importantes**.

Superlativo relativo

También muestra las cualidades de superioridad e inferioridad en sus grados máximos, pero en relación con otros. Para eso se usan los artículos **el**, **la**, **los**, **las** y las partículas **más** y **menos**. Ejemplos:

Para mí los lugares **más agradables** para estar son las bibliotecas.

Para mí, la situación **menos confortable** es estar en la cola de un banco.

¡Practiquemos!

1 **Completa con los superlativos irregulares MEJOR, MAYOR, MENOR, PEOR.**

a) María es _____ que Juan. (menos joven)

b) Ella es _____ que Ángela. (más joven)

c) Esta película es _____ que la otra. (mala)

d) Este coche es _____ que el de Alberto. (bueno)

2 **Escribe las palabras indicadas en su forma superlativa. Sigue el modelo.**

Es muy tranquilo: es tranquilísimo.

a) Es muy inteligente: es _____.

b) Son muy bellas: son _____.

c) Es muy sociable: es _____.

d) Es muy temprano: es _____.

e) Es muy alta: es _____.

f) Son muy agradables: son _____.

g) Es muy educada: es _____.

PARA AYUDARTE

¡Nada que ver!

En español las formas **más pequeño** y **más grande** son correctas.

Ejemplos:

- La Biblioteca Nacional de Brasil es la **más grande** de la América Latina.
- Este lugar es **más pequeño** de lo que yo me imaginaba.

CAPÍTULO 3

Bolígrafo en mano

1 Hablando de alimentación. Lee los textos y haz lo que se pide.

CAMPAÑA LUNES SIN CARNE

Lunes Sin Carne es una campaña internacional sin fines de lucro que alienta a las personas a no comer carne los lunes para mejorar su salud y ayudar al planeta. Cualquier persona puede participar, sólo debes eliminar todo tipo de carne de tu plato un día a la semana. ¡estarás haciendo un mundo de diferencia!

Disponible en: http://www.lunessincarne.net/campana/. Acceso en: 9 mayo 2019.

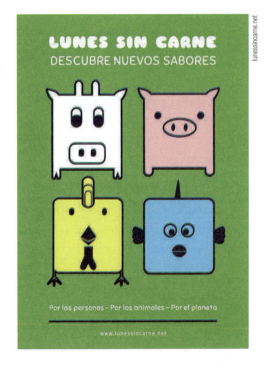

LUNES SIN CARNE

Según datos de la OMS, las enfermedades cardiovasculares son la principal causa de muerte en todo el mundo, siendo el principal factor de riesgo el tipo de alimentación de las personas.

Un estudio de la Universidad de Oxford, Inglaterra, señala que las personas que llevan una dieta vegetariana reducen en un 32% el riesgo de sufrir una enfermedad cardiovascular.

Por lo tanto, cada día sin carne mejora la salud, disminuyendo en un 4,5% las probabilidades de padecer enfermedades al corazón.

El año 2015, la OMS clasificó la carne procesada como altamente cancerígena, situándola dentro del Grupo 1, el mismo del tabaco. En esta clasificación entran productos como el jamón, las salchichas y las preparaciones y salsas a base de carne.

Por otra parte, la carne roja está clasificada como probablemente cancerígena, en el Grupo 2A. En esta clasificación entra la carne de res, ternera, vaca, cerdo, cordero, caballo y cabra, entre otros mamíferos. […]

Disponible en: http://www.lunessincarne.net/por-la-salud/. Acceso en: 9 mayo 2019.

LA EXPANSIÓN DEL CULTIVO DE SOJA

El cultivo de soja, gran parte sembrada ilegalmente, es, junto con los ranchos de ganado, uno de los motores que hacen que la deforestación en Brasil sea tan alarmante. Las condiciones sociales y laborales son deplorables, con modernas formas de esclavitud en las granjas productoras. La soja producida es exportada y forma parte de los piensos que alimentan los pollos, vacas y cerdos que componen nuestra dieta.

Disponible en: www.greenpeace.org/espana/es/Trabajamos-en/Bosques/Amazonia/La-expansion-del-cultivo-de-soja/. Acceso en: 27 abr. 2019.

- En grupos, organiza una dieta semanal para todos los compañeros, con una alimentación totalmente saludable. Detalla desayuno, almuerzo y cena en tu cuaderno. Luego, compártanla con los otros grupos y discutan si es completamente saludable, si es necesario sustituir algún alimento etc.

Tratamiento formal e informal: uso de tú y usted/voseo/tuteo

Fíjate:

- **Usted** es lo que come.
- **Tú** eres lo que comes.

Igual que en portugués, el español usa distintas expresiones para saludar y también para empezar o terminar una conversación. El uso de esas expresiones está relacionado al grado de intimidad que el hablante tiene con quien se habla. Mira el cuadro abajo:

Singular	formal	usted	usted
	informal	tú	tú/vos
Plural	formal	ustedes	ustedes
	informal	vosotros(as)	ustedes

Uso del vos: voseo

En muchos países hispanoamericanos, en vez del pronombre tú se usa el vos, ya desaparecido en España por ser muy antiguo. En la región del Río de la Plata, en Argentina y Uruguay, el voseo es predominante y habitual en todas las clases sociales, e incluso en la prensa escrita, radio y televisión.

Solamente existen hoy, como curiosidad, pequeñas regiones (un departamento en Uruguay y parte de una provincia en Argentina) en que se mantiene el tú, junto con el vos.

Pero el voseo no es solo un fenómeno rioplatense: mas de 2/3 del territorio hispanoamericano combina tú y vos, diferenciando regiones o clases sociales.

Observa el cuadro siguiente.

El tú se usa junto con el vos	El tú prácticamente no se usa y sólo se usa el vos	El vos no existe y sólo se usa el tú
• Costa Rica • Nicaragua • Venezuela • Colombia • El Salvador • Venezuela • Chile	• Argentina • Uruguay • Paraguay	• México • España • Puerto Rico

En países como Perú, Ecuador y Bolivia, el **vos** es usado en las clases más populares de un modo familiar e informal. Mientras, el **tú** prevalece por tener más prestigio y ser más formal entre las clases más altas de la sociedad. El uso del **vos** exige cambios en la conjugación. Mira los ejemplos:

- Tú eres mi mejor amigo.
- Vos trabajás desde muy joven.

Tuteo

En la mayoría de los países de lengua española, el **tú**, la 2ª persona del singular, es la forma de tratamiento en la familia o entre amigos. También es común el tuteo entre personas de un mismo oficio o de la misma profesión cuando no hay diferencia de edad, categoría o posición jerárquica.

Tú

En el trato a que corresponde **tú**, se puede llamar a la persona de que se trata por el nombre de pila o primer nombre, y, en el caso de una menor intimidad, por el apellido.

Usted / ustedes

Son los pronombres usados para dirigirse a una persona cuando no se la/las llama por **tú/vosotros**, o con algún tratamiento especial, por respeto, por distinción jerárquica, o por una diferencia de edad.

En español se usa **usted** – abreviado como **Ud**. o **Vd**. – al dirigirse a un único interlocutor, o **ustedes** – cuya abreviación es **Uds.** o **Vds.** – cuando se habla con varios interlocutores.

La tendencia, en todo el mundo de habla hispana, hace ya varias generaciones, es a reducir el uso de **usted** a favor del **tú**. En el campo, todavía es común y frecuente que los hijos traten a sus padres de **usted**. Con el tratamiento de **usted**, se puede llamar a la persona por el nombre de pila o por el apellido, agregando **señor** al apellido, o **don** al nombre de pila. Ejemplo:

- **Don** Victoriano, ayer lo vino a buscar el **señor** Unzaga.

Diferencia entre tú y usted en la conjugación

Tú se conjuga en la segunda persona del singular. **Vosotros** se conjuga en la segunda persona del plural.

Ejemplos:

- Tú **vienes** a mi fiesta, ¿verdad?
- Vosotros **trabajáis** de noche.

Usted se conjuga en la tercera persona del singular. **Ustedes** se conjuga en la tercera persona del plural. Ejemplos:

- Ud. **viene** a trabajar mañana.
- Uds. **trabajan** esta semana.
- Usted **estudia** muy poco, Juan.
- Ustedes **deben presentarse** mañana temprano.

A escuchar

1 ¿En tu casa se pide comida? ¿Qué tipo de comida piden siempre? Vamos a ver qué van a pedir esta noche. Después de escuchar la conversación, responde lo que sigue.

a) ¿Para cuántas personas pide Mari comida?

- ◯ 3
- ◯ 5
- ◯ 1
- ◯ 2

b) ¿Qué cosas pide para comer?

_____

_____

_____

c) ¿Qué piden para beber?

_____

d) ¿Cuál es el precio del pedido?

_____

(2) **Ahora tú. Si fueras a hacer un pedido a partir de este menú, ¿qué pedirías?**

_____

_____

_____

(3) **Escribe V para verdadero y F para falso según corresponda.**

◯ Del Chef es una pizzería.

◯ En el restaurante ofrecen refrescos de naranja y de limón.

◯ Mari pide un pollo entero asado con salsa.

◯ El pedido llegará a casa de Mari en 50 minutos.

◯ El pago del pedido será en euros.

(4) **Imagina que vas a abrir un restaurante de comida a domicilio. Haz un menú con las comidas, bebidas y postres que ofrecerías, tomando el menú de Del Chef como referencia.**

CAPÍTULO 4

Atando cabos

CUÁLES SON LOS TIPOS DE DIETAS

Una dieta normal ha de estar equilibrada, tanto en su contenido de vitaminas y proteínas, como en el de los hidratos de carbono y grasas.

[...] Aunque lo más importante cuando se quiera seguir una dieta es acudir a un profesional, pues él nos guiará y nos indicará. Porque cada persona es distinta. En este artículo te contamos cuáles son los tipos de dietas.

Dieta normal
Una dieta normal ha de ser equilibrada, es decir, se tiene que consumir todo tipo de nutrientes con la adecuada proporción y cantidad. [...]

Dieta suave
[...] La dieta suave se basa en los siguientes alimentos: verduras, como son la lechuga, la col, las acelgas y las espinacas; también la remolacha y las zanahorias, así como las frutas, tanto dulces como semiácidas. En esta dieta se puede tomar leche, pero en cantidades muy reducidas.

Dietas fijas o por intercambios

Dietas por menús: Son dietas de menú fijo para un número de días determinado.

Dieta por intercambios: Dieta flexible, permite personalización a sus gustos y necesidades, se pueden cambiar los alimentos de la dieta por alimentos de igual contenido nutricional que están disponibles en el medio, sin variar su objetivo.

Dieta hipocalórica
Está basada en las calorías que ingerimos. Puede ser de dos tipos:

Compensada: Además de reducir las calorías mantiene la proporción de nutrientes en la dieta.

Descompensada: Solo contamos las calorías ingeridas sin preocuparnos de la proporción de los alimentos. [...] Son las más aceptadas social y científicamente.

Dieta hiperproteica
No está basada en las calorías que ingerimos. No se deben pesar los alimentos. Se fundamenta en la calidad de los alimentos sin importar la cantidad. Es una dieta de proporciones y va aumentando la proporción de proteínas.

Disponible en: http://deporte.uncomo.com/articulo/cuales-son-los-tipos-de-dietas-6058.html. Acceso en: 28 abr. 2019.

EN EQUIPO

 Escribe en el cuaderno un proyecto de cambio alimentario en tu escuela que tenga las siguientes partes.
- Propuesta
- Objetivo
- Desarrollo

La palabra del experto

DIETAS VEGETARIANAS

Las dietas vegetarianas bien planificadas son una opción nutricionalmente saludable y equivalente a una dieta que incluya carne y/o pescado. Pero si son realizadas de forma incorrecta pueden causar problemas de salud. [...]

Dietas vegetarianas

La alimentación vegetariana es una opción dietética que favorece el consumo de alimentos de origen vegetal y la reducción o eliminación total de los alimentos de origen animal. De esta forma podemos encontrar distintos tipos de dietas vegetarianas:

- **Ovolacteovegetariana:** Es una dieta que elimina las carnes y pescados y sus derivados e incluye además de los alimentos de origen vegetal, huevos y lácteos.

- **Ovovegetariana:** Elimina carnes, pescados y productos lácteos. El único alimento de origen animal de esta dieta son los huevos.

- **Vegana:** Solo incluye alimentos de origen vegetal.

[...] Las personas vegetarianas deben prestar especial atención a la planificación de la dieta y establecer las modificaciones dietéticas necesarias para satisfacer sus necesidades. El consejo [...] de un profesional de la nutrición es aconsejable para conseguir una dieta variada y saludable.
[...]

Si la dieta no incluye lácteos habrá que prestar atención al calcio y a la vitamina D, y organizar la misma incluyendo otros alimentos de origen vegetal que aporten cantidades apreciables de calcio y garantizar la exposición al sol diariamente.
[...]

Grupos de alimentos en la dieta vegetariana

- **Granos de cereales:** Forman la base de la pirámide y son la base de la alimentación. Proveen energía, carbohidratos complejos, fibra, hierro y vitaminas del grupo B. Los granos integrales aportan también zinc y otros minerales.

- **Verduras y frutas:** Debe haber una buena proporción de estos en la dieta. La pirámide de alimentos indica más raciones de verdura que de fruta, porque la verdura tiene más densidad calórica que las frutas y también fitonutrientes de gran importancia para la salud. Incluye al menos una ración al día de fruta rica en vitamina C (cítricos, fresas, kiwis, por ejemplo).

- **Legumbres, frutos secos y alimentos ricos en proteínas:** En este grupo se encuentran los alimentos que son buenas fuentes de proteína, vitaminas del grupo B y minerales. Incluye las legumbres, también la soja y derivados de soja, frutos secos, semillas y sus preparados, huevos y alimentos preparados a partir de proteínas vegetales (seitán, tempeh, por ejemplo). Los lácteos son alimentos proteicos también.

- **Grasas y alimentos grasos:** Para los vegetarianos es importante asegurar un aporte adecuado de aceites w-3, que son abundantes en pescados y en el reino vegetal se pueden encontrar en frutos secos, semillas (sésamo, lino, pipas) y aguacate. El aceite de oliva sería el más recomendable para cocinar.

- **Alimentos ricos en calcio:** no solamente los lácteos aportan calcio, también aportan calcio las frutas y las verduras. Si la dieta es variada es más seguro que alcancemos niveles de ingesta de calcio adecuados. […]

Juana Maria González Prada. Disponible en: https://www.alimmenta.com/dietas/dietas-vegetarianas/. Acceso en: 9 mayo 2019.

Juana Maria González Prada es licenciada en Ciencia y Tecnología de los Alimentos, Graduada en Nutrición Humana y Dietética, Máster en Procesos Alimentarios por la Univesidad de Gante (Bélgica) y tiene postgrado en Nutrición y Obesidad por la Universidad de Navarra. Su experiencia profesional a lo largo de más de 15 años está dividida entre la investigación, la industria alimentaria, la dietética y la nutrición. Es miembro de la Sociedad Española de Nutrición, de la Fundación Española de Dietistas-Nutricionistas y miembro colegiado del Colegio Catalán de Dietistas-Nutricionistas.

AHORA TE TOCA A TI

1. Lee el siguiente texto y completa los espacios en blanco utilizando los comparativos de superioridad o inferioridad.

¿Un carro o una moto?

PARA AYUDARTE
carro = auto = coche
conducir = manejar

Una moto es _____ (pequeño) que un carro y es _____ (fácil) de comprar, porque es _____ (barato). Si vives en una gran ciudad, sin duda, una moto será _____ (rápido) que un carro para conducir por las calles de la ciudad. También es _____ (práctico) para estacionar por su reducido tamaño. Pero tener una moto es _____ (seguro) que tener un carro, porque el número de accidentes de moto es mayor. La moto también es _____ (espacioso) y puedes llevar apenas un acompañante, mientras que en el carro pueden ir 4 o más. La decisión es tuya, piensa en los pros y contras de cada vehículo, pero no olvides conducir con cautela, sea cual sea tu decisión.

2. Aquí tienes una carta formal que Miguel le ha escrito a su jefe. Convierte esta carta en informal, transformando todos los pronombres y verbos presentes en ella.

> Bogotá, 5 de marzo de 2019
>
> Estimado Don Raúl
>
> Le escribo para expresarle mi más profundo agradecimiento por la oportunidad que me dio para trabajar aquí a su lado. Adquirí una enorme experiencia laboral en esta empresa. Gracias a usted logré desarrollar habilidades que ni yo sabía que tenía. Una vez más, le agradezco por toda la dedicación que tuvo conmigo y quiero que tenga claro que cuenta usted conmigo para lo que necesite. Un abrazo, su amigo,
>
> Miguel

Bogotá, 5 de marzo de 2019

_____ Raúl

_____ escribo para _____ mi más profundo agradecimiento por la oportunidad

que me _____ para trabajar aquí a _____ lado. Adquirí una enorme experiencia laboral

en esta empresa. Gracias a _____ logré desarrollar habilidades que ni yo sabía que tenía. Una

vez más, _____ agradezco por toda la dedicación que _____ conmigo y quiero que

_____ claro que _____ conmigo para lo que_____ . Un abrazo,

_____ amigo,

Miguel

(3) Organiza los alimentos en su grupo correcto.

brócoli	espinaca	leche	calabacín
maíz	quimbombó	novillo	cabrito
conejo	pescado	aguacate	cereza
guayaba	níspero	papaya	

PARA AYUDARTE

calabacín = zapallito

aguacate = palta

Verduras y legumbres	Origen animal	Frutas

UNIDAD 2
¡DALE, CAMPEÓN!

||| EN ESTA UNIDAD |||

- Hablaremos de los deportes y juegos.
- Aprenderemos el pretérito perfecto simple.
- Conoceremos las cantidades y medidas.
- Practicaremos los marcadores temporales.

1 ¿Cuáles de estos deportes conoces? ¿Sabes cómo se llaman? Escribe sus nombres debajo de las fotos.

_____
_____

2 ¿Cuál es tu deporte preferido? ¿Y el de tus familiares?

_____
_____

3 ¿Conoces a alguien fanático por algún deporte? ¿Qué opinión tienes al respecto?

_____
_____

||| ¡Prepárate! |||

 1 ¿Qué pasa en el diálogo?

> **Julián:** ¿Te gustan los partidos de fútbol?
>
> **Eugenia:** No mucho, en realidad solo veo los partidos en los mundiales, para hinchar por Brasil.
>
> **Julián:** Para mí lo más lindo es ver a mi equipo jugando. Los jugadores son mis héroes.
>
> **Agustín:** En mi casa cada uno de nosotros hincha por un equipo; es un lío.
>
> **Julián:** ¡Qué raro! Yo aprendí a amar a mi equipo con mis padres. Incluso, salí de la maternidad con una ropita que tenía el escudo de nuestro equipo.
>
> **Eugenia:** ¡Qué gracioso! Eso solo pasa con los partidos de fútbol en Brasil, ¿no? Pero en los Estados Unidos es la misma locura con el básquet.
>
> **Agustín:** A mí me gusta más el básquet que el fútbol. Para ver, digo. Porque para jugar no soy muy bueno en ningún deporte.

a) ¿De qué hablan los niños?

_____

b) ¿Qué le parece gracioso a Eugenia?

_____

 2 ¿Qué te pasa? Charla con tu compañero sobre los temas a continuación.

a) ¿Cuál es tu deporte preferido?

b) ¿Eres hincha de algún equipo de fútbol? Y en tu familia, ¿hinchan por algún equipo?

c) ¿Conoces a algún hincha fanático? ¿Qué te parece?

d) ¿Tienes o conoces a alguien que tenga algún ítem que identifique el equipo de fútbol de esa persona (camiseta, uniforme, llavero etc.)? ¿Es fácil encontrar esos ítems de algún otro deporte? ¿Por qué?

3 Lee el texto siguiente e investiga en cuáles de estos deportes Brasil tiene representantes en las Olimpíadas.

_____

_____

👥 EN EQUIPO

1 ¿Conoces los deportistas campeones de las Olimpíadas? En pequeños grupos haz una investigación sobre los deportistas que han sido campeones más veces en las Olimpíadas y cuéntalo a tu clase. Puedes hacer carteles.

_____

_____

_____

_____

_____

¡Lengua!

Pretérito perfecto simple

Fíjate:

- Joinville **fue** la ciudad elegida para ser la sede del proyecto Bolshoi. La escuela de danza **inauguró** el 15 de noviembre de 2000.

El **pretérito perfecto simple** es el tiempo verbal conocido comúnmente como **pasado simple**. Expresa acciones que fueron concluidas en el pasado y que están separadas del presente en un tiempo ya terminado.

Yo	me divertí	jugué	viajé	estuve
Tú	te divertiste	jugaste	viajaste	estuviste
Él/ella/usted	se divirtió	jugó	viajó	estuvo
Nosotros	nos divertimos	jugamos	viajamos	estuvimos
Vosotros	os divertisteis	jugasteis	viajasteis	estuvisteis
Ellos/ellas/ustedes	se divirtieron	jugaron	viajaron	estuvieron

1 Completa el diálogo con los verbos del cuadro.

> divertiste   jugaste   fuimos   viajé   estuve
> hiciste   jugamos   anduvimos   cansaste

Ana: ¿_____ mucho al fútbol en las vacaciones, Jorgito?

Jorge: Sí, Ana, _____ en la casa de mis primos y _____ todas las tardes.

Ana: Pero ¿no te _____?

Jorge: Bueno, un poco. Pero también _____ al cine varias veces y _____ a caballo todos los sábados. ¿Y tú que _____, Ana?

Ana: _____ a la playa, a la colonia de vacaciones del trabajo de papá.

Jorge: ¿Y te _____?

Ana: ¡Sí, un montón!

(2) Cuando utilizamos el pretérito perfecto simple, también usamos marcadores temporales como: **AYER, ANTEAYER, ANOCHE, EL OTRO DÍA. Busca en esta unidad cinco frases en el pasado y agrega marcadores temporales, copiándolos aquí.**

_____

_____

_____

_____

¡Lengua!

Los verbos terminados en **ar**, 1ª conjugación, en la 1ª persona del plural (**nosotros**), son iguales en el presente y en el pasado simple. Ejemplos:

• ¿Qué tal si **jugamos** a las cartas? (presente)

• Ayer **jugamos** hasta tarde. (pasado simple)

Algunos verbos terminados en **ir**, 3ª conjugación, también repiten la 1ª persona del plural (**nosotros**) en el presente y en el pasado simple. Ejemplos:

• Siempre nos **divertimos** mucho cuando estamos en tu casa. (presente)

• Ayer nos **divertimos** mucho en tu casa. (pasado simple)

¡Practiquemos!

(1) Conjuga los verbos entre paréntesis en pretérito perfecto simple.

a) La película _____ (comenzar) con media hora de retraso.

b) La semana pasada _____ (colgar / yo) unas fotos en la red.

c) _____ (pedir / ella) un montón de regalos para su cumpleaños.

37

2 Lee la siguiente noticia y completa los espacios en blanco con la conjugación correcta de los verbos en pretérito perfecto simple.

La India _____ (lanzar) hoy con éxito una misión a Marte, un proyecto que puede colocar a este país al frente de la carrera espacial en el continente asiático, tras el fracaso de la misión de China al planeta rojo en 2011.

El lanzamiento del cohete que porta el satélite que orbitará Marte _____ (efectuarse) a las 14:38 hora local (09:08 GMT) desde el Centro Espacial Satish Dhawan en Sriharikota, en el sureño estado de Andhra Pradesh.

El evento _____ (ser) retransmitido por las televisiones locales en medio de una gran expectación y los telespectadores _____ (poder) ver al cohete surcando el cielo y a los científicos aplaudiendo y celebrando el éxito del lanzamiento.

La India se convierte así en el sexto país en tratar de llegar a Marte, una misión que solo han conseguido con éxito Estados Unidos, Rusia y la Agencia Espacial Europea.

[…]

"Este es nuestro modesto comienzo en las misiones interplanetarias", _____ (decir) a los medios locales un portavoz de la Organización India de Investigación Espacial (ISRO), Deviprasad Karnik.

[…]

La India, que _____ (enviar) en 2008 su primera sonda lunar, tiene planes de lanzar en 2016 su primera misión espacial tripulada.

Disponible en: https://www.lainformacion.com/tecnologia/la-india-se-lanza-a-la-conquista-de-marte_7zx6KflhQ0Dlj3PqRveW34/.
Acceso en: 9 mayo 2019.

Género textual: noticia
Es un género periodístico que tiene como función informar sobre un hecho reciente y que se considera interesante divulgar. El lenguaje utilizado en la noticia tiene que ser claro y objetivo, y debe responder a las preguntas: **qué**, **quién**, **cuándo**, **dónde**, **por qué** y **cómo**.

CAPÍTULO 3

A escuchar

1 Escucha lo que dice el periodista sobre el jugador de fútbol Maradona y completa con los verbos faltantes.

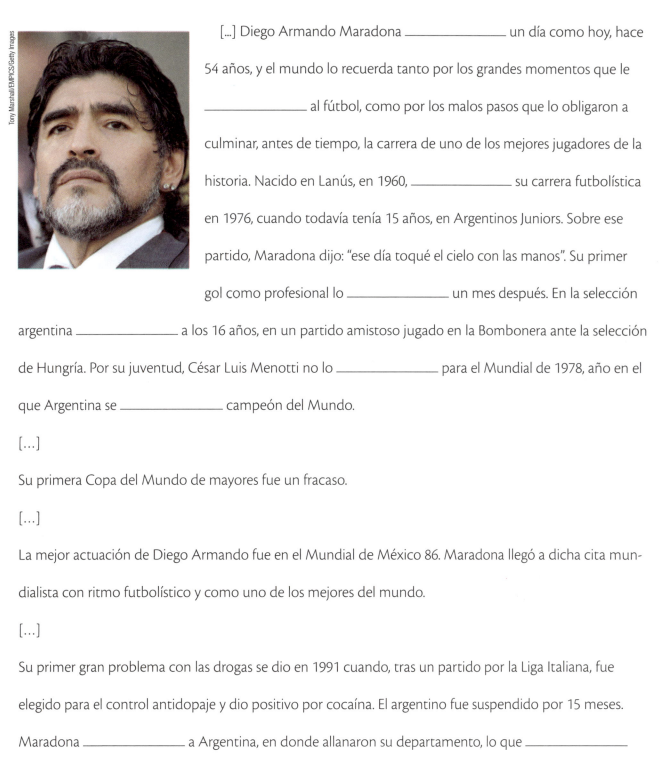

[...] Diego Armando Maradona _____ un día como hoy, hace 54 años, y el mundo lo recuerda tanto por los grandes momentos que le _____ al fútbol, como por los malos pasos que lo obligaron a culminar, antes de tiempo, la carrera de uno de los mejores jugadores de la historia. Nacido en Lanús, en 1960, _____ su carrera futbolística en 1976, cuando todavía tenía 15 años, en Argentinos Juniors. Sobre ese partido, Maradona dijo: "ese día toqué el cielo con las manos". Su primer gol como profesional lo _____ un mes después. En la selección argentina _____ a los 16 años, en un partido amistoso jugado en la Bombonera ante la selección de Hungría. Por su juventud, César Luis Menotti no lo _____ para el Mundial de 1978, año en el que Argentina se _____ campeón del Mundo.

[…]

Su primera Copa del Mundo de mayores fue un fracaso.

[…]

La mejor actuación de Diego Armando fue en el Mundial de México 86. Maradona llegó a dicha cita mundialista con ritmo futbolístico y como uno de los mejores del mundo.

[…]

Su primer gran problema con las drogas se dio en 1991 cuando, tras un partido por la Liga Italiana, fue elegido para el control antidopaje y dio positivo por cocaína. El argentino fue suspendido por 15 meses.

Maradona _____ a Argentina, en donde allanaron su departamento, lo que _____ con la detención del jugador por posesión de drogas. Fue liberado tras pagar una fianza, pero lo obligaron a asistir a rehabilitación. [...]

[...]

Las drogas y la vida fácil a las que se _____ uno de los más brillantes jugadores de todos los tiempos lo privaron de conseguir más logros, así como nos _____ por muchos años el disfrutar de la magia que brotaba de su botín izquierdo. A pesar de todos los problemas y detractores, Diego Armando Maradona siempre contará con fervientes seguidores y acérrimos fanáticos del fútbol que _____.

[...]

Disponible en: www.larepublica.pe/30-10-2013/diego-maradona-el-mas-grande-de-la-historia-del-futbol-cumple-53-anos.
Acceso en: 28 abr. 2019.

Bolígrafo en mano

Rutina diaria

1 Pensando en la rutina diaria, ¿cómo son tus actividades? ¿Qué partes del día usas para cada una de esas actividades? Fíjate en la imagen que sigue.

- ¿Alguna vez te sentiste como el niño que está con la pelota? ¿Alguna vez actuaste como los niños que están con los aparatos electrónicos?

_____

_____

2 ¿Usas la tecnología para divertirte? ¿Cuáles aparatos tecnológicos usas?

_____

_____

3. ¿Cuántas horas al día usas los videojuegos y cuánto tiempo reservas para otras actividades? Discútelo con tus compañeros.

1. ¿Conoces las 5 Marías?

Es un juego antiguo también conocido como **5 piedritas**. En algunos países, se juega con 6 piedritas, y se llama **payana** o **payanca**. Todavía se juega en las ciudades del interior que, en general, mantienen por más tiempo las tradiciones. Se hacen 5 bolsitas de paño rellenas con arroz o se buscan 5 piedritas del mismo tamaño.

¿Vamos a jugar?

1. Se lanzan todas las piezas para arriba y se toma el máximo de ellas con el dorso de la mano. Cada pieza en el dorso vale diez puntos.
2. Se lanza una de las piezas (a elección de uno de los adversarios) para arriba y, antes que caiga, se toma otra del piso (en ese momento, se queda con las dos en la mano) y enseguida se la deja separada, al lado. Ese movimiento (lanzar, agarrar, separar) se llama jugada y se repite hasta que se acaben las piezas.
3. Igual a la fase 2, pero, al jugar, se toman dos piezas de cada vez.
4. Igual a la fase 2, con una jugada tomando una, y la otra agarrando tres.
5. Con las cinco en la mano, se lanza una para arriba y se ponen las otras cuatro en el piso. Se tira una para arriba de nuevo y se toman las otras cuatro.
6. Se hace un arco con una mano (pulgar e indicador en el piso) y, mientras se tira una pieza para arriba, se da una palmadita en una de las piezas del piso para que pasen para adentro del arco. La última debe ser empujada para el arco con una única palmada. Las otras, con las dos.

Si un jugador falla, pasa el turno al adversario.

Cómo construir tu kit:

- corta pedazos de tela de 3,5 cm × 8 cm.
- cose las partes laterales para formar una bolsita.
- rellena con arroz y después cose.

Puedes también elegir cinco piedritas, lo más redondeadas que sea posible, para no lastimar las manos.

CAPÍTULO 4

Soy ciudadano

DEPORTE PARA EL DESARROLLO EN AMÉRICA LATINA Y EL CARIBE

En los campos de fútbol de Argentina, en las canchas de básquetbol de Venezuela y en los cuadros de béisbol de Panamá, hay niños y adolescentes que juegan. También juegan en las "favelas" de Brasil, en las montañas de Perú y en los traspatios de Jamaica. Ya sea en torneos organizados con árbitros, en competencias de barrio en la calle o en juegos espontáneos hasta que se pone el sol, el deporte y la recreación forman una parte muy importante de la infancia. Y lejos de ser un lujo, es un derecho.

De acuerdo al Artículo 31 de la Convención sobre los Derechos del Niño, "Los Estados Partes reconocen el derecho del niño al descanso y al esparcimiento, al juego y a las actividades recreativas propias de su edad, y a participar libremente en la vida cultural y en las artes". Los niños no solo tienen derecho al juego, sino que los Estados deben propiciar "oportunidades apropiadas, en condiciones de igualdad, de participar en la vida cultural, artística, recreativa y de esparcimiento".

El deporte – desde el juego y la actividad física hasta la competencia organizada – enseña valores esenciales, como la cooperación y el respeto. Mejora la salud y reduce la probabilidad de enfermedades. Y reúne a individuos y comunidades, salvando divisiones culturales o étnicas. El deporte es también una forma eficaz de llegar a los niños y adolescentes que son excluidos y discriminados, ofreciéndoles compañía, apoyo y un sentido de pertenencia.

De bajo costo, universalmente comprendido y políticamente neutral, el deporte en todas sus formas puede ser una forma poderosa de promover la paz y el desarrollo. Igualmente importante es que posibilita la diversión de niños y adolescentes. Por estos motivos, el deporte forma parte de muchos programas de UNICEF en toda América Latina y el Caribe.
[...]

Creación de espacios libres de violencia y práctica de resolución de conflictos
UNICEF utiliza los deportes y la música para transmitir mensajes y enseñar resolución de conflictos, tolerancia y paz. Los programas deportivos también proveen estructura en ambientes desestructurados y desestabilizantes, y canalizan energías por vías alternativas a la agresión o la autodestrucción. El deporte también puede ayudar a construir las habilidades y los valores individuales necesarios para evitar conflictos y asegurar la paz.
[...]

- La iniciativa Espacio Crianza Esperanza intenta crear una cultura de paz en las zonas urbanas más violentas de grandes ciudades de Brasil, ofreciendo a los niños y adolescentes desfavorecidos actividades extracurriculares como deportes, apoyo escolar, música, teatro y clases de arte.
- 1.400 niños en situación de calle, empleadas domésticas no remuneradas, huérfanos y otros niños y niñas vulnerables integran el proyecto Timoun Nan Spo Pou La Pe (Niños en el Deporte por la Paz) en Haití. Niñas y niños de 8 a 15 años se han integrado a clubes de fútbol, donde no solo tienen la oportunidad de practicar ese deporte sino también de hablar de paz y decir no a la violencia.
- Mediante la comparación del fútbol con la vida en general, la organización Mano Amiga trabaja para prevenir la violencia en cuatro distritos de Panamá con altos índices de violencia. Antes de cada juego, educadores capacitados por UNICEF conducen charlas sobre violencia, explican el papel del árbitro y el significado de las tarjetas rojas y amarillas, y trazan paralelismos con situaciones de la vida real. Los padres también participan en talleres y aprenden la importancia del juego y del deporte en la vida de sus hijos.
- Bajo el lema "Un Gol a la adversidad" 176 adolescentes participaron en Costa Rica en la copa rotativa de fútbol, "Primera Copa Rotativa Delegados Presidenciales". El torneo fue dedicado al presidente del país con el fin de promover el deporte y la recreación como derechos vitales para el desarrollo de las nuevas generaciones y al mismo tiempo con la intención de incentivar mecanismos para prevenir la violencia y fortalecer valores como la disciplina, el trabajo en equipo y la solidaridad. Los jugadores, cuyas edades fluctúan entre los 11 y los 15 años, recibieron útiles escolares donados por la embajada de Francia y empresas privadas.

Disponible en: http://unicef.cl/web/deporte-para-el-desarrollo-en-america-latina-y-el-caribe/. Acceso en: 9 mayo 2019.

1 ¿Qué piensas que sería necesario para participar en uno de esos proyectos?

_____

_____

2 ¿Te gustaría participar de algo por el estilo? ¿Por qué?

_____

_____

3 Si tuvieras que escribir pidiendo para participar en uno de estos proyectos, ¿cómo te presentarías? ¿Qué contarías de ti mismo?

_____

_____

> **¡DESCUBRE MÁS!**
>
> ¿El deporte puede moldear la personalidad de un ser humano? Es una pregunta que nadie se hubiera hecho varias décadas atrás, pero los tiempos cambian. Sobre esse asunto mira este *site*.
>
> - https://www.lavanguardia.com/estilos-de-vida/20140828/54414439029/deporte-y-personalidad.html

AHORA TE TOCA A TI

1 Relaciona las definiciones de la columna de la izquierda con los deportes que están en la columna de la derecha.

a) Deporte que se practica en una piscina olímpica y tiene diferentes modalidades.

b) Deporte que consiste en el combate de dos atletas, con un arma blanca que puede ser una espada, un sable o un florete.

c) Deporte practicado en una pista acondicionada para el trote y en algunas modalidades existen obstáculos.

d) Deporte individual y de resistencia que reúne tres disciplinas deportivas: natación, ciclismo y carrera a pie.

- ( ) Atletismo
- ( ) Triatlón
- ( ) Natación
- ( ) Esgrima

2 Lee la siguiente biografía de Rigoberta Menchú Tum y completa los espacios en blanco con los verbos conjugados en pretérito perfecto simple.

[…] Activista guatemalteca cuya lucha por los derechos de los indígenas _____ (ser) reconocida con el premio Nobel de la Paz (1992).

[…] Rigoberta Menchú _____ (nacer) en una numerosa familia campesina de la etnia maya-quiché […].

A los cinco años _____ (empezar) a trabajar junto a sus padres en las grandes fincas de las poderosas familias tradicionales del país […]

Su infancia y su juventud _____ (estar) marcadas por la pobreza, la discriminación racial y la violenta represión con la que las clases dominantes guatemaltecas trataban de contener las aspiraciones de justicia social del campesinado.
[…]
Mientras dos de sus hermanas optaban por unirse a la guerrilla, Rigoberta Menchú _____ (iniciar) una campaña pacífica de denuncia del régimen guatemalteco y de la sistemática violación de los derechos humanos de que eran objeto los campesinos indígenas, sin otra ideología que el cristianismo de matices revolucionarios de la «teología de la liberación»; ella misma personificaba el sufrimiento de su pueblo con notable dignidad e inteligencia, añadiéndole la dimensión de denunciar la situación de la mujer indígena en Hispanoamérica.
[…]

Disponible en: https://www.biografiasyvidas.com/biografia/m/menchu.htm. Acceso en: 22 jun. 2019.

3 Completa los espacios en blanco con los siguientes marcadores temporales de la caja para que las frases tengan sentido lógico.

Hace 56 años   En 1999   En el siglo XIX   La semana pasada

a) _____ fui con mi hermana al cumpleaños del tío Lucho.

b) _____ ocurrió el viaje de la primera mujer al espacio, la rusa Valentina Tereshkova.

c) _____ Panamá obtiene el control del Canal de Panamá, antes en manos de los Estados Unidos.

d) _____ hubo fuertes cambios en la historia de la humanidad.

4 Completa el crucigrama conjugando correctamente en la persona indicada los siguientes verbos irregulares en pretérito perfecto simple.

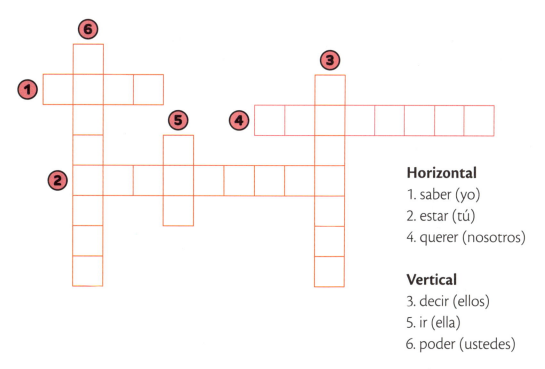

Horizontal
1. saber (yo)
2. estar (tú)
4. querer (nosotros)

Vertical
3. decir (ellos)
5. ir (ella)
6. poder (ustedes)

¡NO TE OLVIDES!

El plato saludable

Carnes, aves y lácteos
pavo, pollo, huevas, pescado, carnero, gallina, buey, huevos, conejo, leche, puerco

harinas y cereales
harinas, pastas, cereales, panes, yogures, quesos, margarina, arroz, avena, sopas, papas, galletas

Oleaginosas y leguminosas
avena, guisantes, frijoles / porotos /, judías, lentejas, arvejas, maní

Frutas, hortalizas y verduras
piña, manzana, pera, aguacate, durazno, fresa, limón, mango, pimientos, calabacin, remolacha, cebolla, chile, lechuga, caña de azúcar, maracuyá, sandía, papaya, uva, melón, banana, guayaba, granadilla, berenjena, zanahoria, espinaca, coliflor, berro, ají, calabaza, tomate

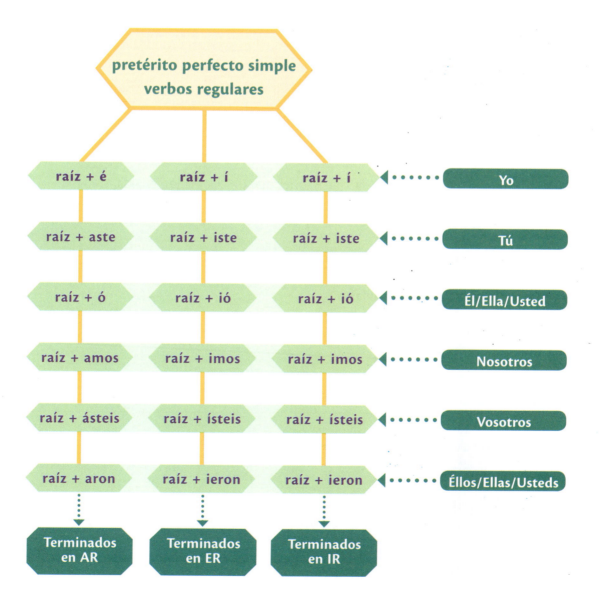

REPASO

1. Escoge la respuesta correcta para las siguientes preguntas.

a) Hace mucho tiempo que _____ de hacer deporte.
- ( ) paraba
- ( ) parado
- ( ) paré

b) Julia y Jorge _____ hace dos años.
- ( ) se casaron
- ( ) se casarán
- ( ) casaste

c) Ayer el precio de la gasolina _____ otra vez.
- ( ) subirá
- ( ) subió
- ( ) subí

2. Luego de leer el texto, responde V para verdadero y F para falso, según corresponda.

Isabela tiene 27 años, dos más que la hermana Raquel, que vive en Medellín. Raquel estudia con Carola, que tiene su edad y tiene una hermana menor llamada Zenaida. El novio de Isabela, Román, trabaja para una multinacional y tiene cuatro años más que Carola, la amiga de Raquel, la hermana de Isabela. Ya estoy confundiéndome, ¡ay, qué lío!

a) ( ) Carola es mayor que Isabela.

b) ( ) Román es mayor que Isabela, que Raquel, que Carola y que Zenaida.

c) ( ) Raquel es tan joven como Carola.

d) ( ) Isabela es menor que Zenaida.

3. Ordena las frases y luego escríbelas.

a) Daniela / Verónica / les / zapatos de tacón alto / a / gustan / mucho / a / los / y

_____

_____

b) practicar / gusta / en la tarde / Michelle / a / le / tenis

_____

c) encanta / Linda / Brenda / a / vida nocturna de Buenos Aires / a / y / les

_____

Pontifícia Universidade Católica de Minas Gerais –PUC Minas– 2º semestre de 2013.

NACEN LOS PREMIOS "HISTORIA DE LA CINEMATOGRAFÍA"

El Ministerio de Educación, Cultura y Deporte, a través del Instituto de la Cinematografía y de las Artes Audiovisuales, ICAA, ha creado los premios 'Historia de la Cinematografía y Alfabetización audiovisual', que tendrán como objetivo promover y desarrollar el estudio del séptimo arte.

"Tratarán de fomentar el desarrollo de estrategias educativas que garanticen la adecuada recepción, valoración e interpretación de los contenidos y mensajes audiovisuales por parte de sus diferentes destinatarios, en particular de las personas más jóvenes", ha informado el Ministerio en un comunicado.

Así, los premios 'Historia de la Cinematografía', añade la nota, están destinados a promover "el estudio y conocimiento de la historia del cine en España en las diferentes etapas educativas a través de la elaboración de trabajos relacionados con aquella".

Por su parte, el premio 'Alfabetización audiovisual' tiene como finalidad "galardonar a los centros docentes españoles que fomenten la alfabetización audiovisual de su alumnado a través del desarrollo y aplicación de proyectos en este ámbito".

A la convocatoria, que se realizará en régimen de concurrencia competitiva, podrán acudir alumnos, profesores y centros docentes españoles mediante la presentación de los correspondientes trabajos o proyectos.

Disponible en: www.elmundo.es/elmundo/2013/03/05/cultura/1362506986.html. Acceso en: 2 mayo 2019.

1) El texto indica la instauración de:

a) Un concurso de premios ligados a la historia de la cinematografía.

b) Un nuevo Instituto de Cinematografía y de las Artes Audiovisuales.

c) Un premio para el Instituto de Historia de la Cinematografía y de las Artes Audiovisuales.

d) Un Ministerio de Educación, Cultura y Deporte para otorgar premios audiovisuales.

2) El objetivo descrito en la noticia pretende como prioridad:

a) Fomentar el número de destinatarios dedicados a la historia del cine.

b) Destinar disciplinas cinematográficas a los más jóvenes.

c) Aumentar el número de jóvenes aficionados a la cinematografía.

d) La comprensión del arte audiovisual.

Disponible en: www1.pucminas.br/documentos/vestibular_2013_02_interior_1.pdf. Acceso en: nov. 2013.

UNIDAD 3
¿A QUIÉN TE PARECES?

- **Nombre:** Ashok.
- **Edad:** 23 años.
- **¿De dónde viene?** Bangalore, India.

1

- **Nombre:** Ingeborg.
- **Edad:** 25 años.
- **¿De dónde viene?** Copenhague, Dinamarca.

2

||| EN ESTA UNIDAD |||

- Estudiaremos el pretérito perfecto simple y el pretérito imperfecto.
- Hablaremos de los marcadores temporales usados con verbos en el pretérito perfecto simple y en el pretérito imperfecto.
- Aprenderemos a describir personas por sus características físicas y de personalidad.
- Hablaremos de la diversidad social y de otros tipos de diversidad.

1 Observa a estos cuatro estudiantes de intercambio, personas muy diferentes de diversos lugares del mundo. ¿Cómo crees que son esas personas? ¿A simple vista te parecen simpáticas o antipáticas? ¿Por qué crees que quieren aprender español?

_____
_____
_____
_____

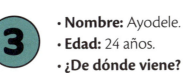

3
- **Nombre:** Ayodele.
- **Edad:** 24 años.
- **¿De dónde viene?** Lagos, Nigeria.

4
- **Nombre:** Jin-Kyong.
- **Edad:** 27 años.
- **¿De dónde viene?** Daegu, Corea del Sur.

||| ¡Prepárate! |||

 ¿Te gusta ver fotos antiguas? ¿Te gustan las retrospectivas hechas con fotos? ¿Vamos a ver sobre qué conversan Mario y Ana?

Mario: ¿Sí?

Ana: Hola, Mario, ¿qué tal? Soy Ana.

Mario: Hola, Ana, ya te abro ¿Abrió?

En el apartamento

Mario: ¿Qué tal?

Ana: Bien. Traje el videojuego nuevo que te contaba ayer.

Mario: ¡Ah, bien! Pero primero tengo que terminar esta tarea que me dio mi mamá. Tengo que escanear unas fotos antiguas. Son para la retrospectiva del cumple de mi abuela. Cumple ochenta años.

Ana: ¡Qué lindo! Bueno, te ayudo. ¿Quién es este chico?

Mario: ¡Soy yo!

Ana: ¡Qué delgadito eras! ¡Ya no eres tan flaquito ahora!

Mario: Sí, era muy delgado y rubio.

Ana: Yo era morena. Siempre tuve el pelo oscuro. ¿Y esta flaquita y alta?

Mario: Mi hermana.

Ana: También era muy diferente cuando era niña. ¿Y esta foto tan antigua?

Mario: Mi abuela, cuando vivía en España. Ella nació allá.

Ana: Me encantan las fotos antiguas. Era muy linda tu abuela.

Mario: Sí, por eso también soy lindo. Soy parecido a ella, ¡ja, ja!

Ana: ¡Ah! Mejor sigamos con la tarea, Mario. Dale.

PARA AYUDARTE

México y Argentina – **departamento**.

España – **piso**.

Chile y Uruguay – **apartamento**.

a) ¿Para qué fue Ana al apartamento de Mario?

_____

b) ¿Qué tenía que hacer Mario antes de jugar?

_____

c) ¿Para qué eran las fotos?

_____

d) ¿Cómo era Mario cuando era niño? ¿Y qué otras personas había en las fotos?

_____

_____

e) ¿A Ana le gustan las fotos antiguas?

_____

2 ¿Qué te pasa? Charla con tu compañero sobre los temas a continuación.

a) ¿A ti te gustan las fotos antiguas y las retrospectivas?

b) ¿Cómo eras cuando niño(a)?

c) ¿Estás diferente de cuando eras pequeño(a)? ¿Por qué?

Pretérito perfecto simple y pretérito imperfecto

Fíjate:

Los dos tiempos verbales usados para expresar el pasado en castellano son el **pretérito perfecto simple**, también llamado **indefinido**, que ya hemos estudiado, y el **pretérito imperfecto**.

Ambos se refieren a acciones pasadas con poca conexión con el momento presente, pero cada uno se usa para situaciones diferentes.

Son dos tiempos verbales que no son muy diferentes de sus equivalentes en portugués. Ejemplos:

Pretérito perfecto simple	Pretérito imperfecto
Yo **tuve** un gato negro.	Yo **tenía** un gato negro.
Anita **fue** muy delgadita cuando era niña.	Anita **era** muy flaquita.

1. Pretérito perfecto simple

Ejemplos: yo comí, yo hablé, él habló, él calló, él miró.

Su conjugación puede ser irregular. Ejemplos: yo fui, tú hiciste.

Su uso, en general, se refiere a acciones del pasado ya terminadas, como:

- acciones puntuales;
- acontecimientos que empezaron y terminaron en el momento de su realización;
- acciones terminadas en el pasado (aun cuando duraron un tiempo, sin relación con la situación presente).

2. Pretérito imperfecto

Ejemplos: nosotros vivíamos, vosotros estudiabais.

Su uso se refiere a tiempos pasados, pero en general se destaca la continuación del verbo y no su terminación. Las acciones descritas por ese tiempo verbal se prolongan a lo largo de un cierto espacio de tiempo.

El uso de esos tiempos verbales es muy homogéneo en todo el mundo hispanohablante. Siempre es bueno fijarse bien en los marcadores temporales que se usan con una u otra construcción. Observa la tabla.

Pretérito perfecto simple	Pretérito imperfecto
Marcadores temporales: hoy, ayer, cuando, anoche, el mes pasado, hace mucho tiempo etc.	Marcadores temporales: siempre, antes, normalmente, casi siempre, cuando, de vez en cuando, a veces etc.
No **conocí** a nadie en la reunión. (O sea: terminó la reunión y no había conocido a nadie.)	No **conocía** a nadie en la reunión. (O sea: llegué y no encontré allí a nadie conocido.)
Fui a Catamarca muchos veranos para visitar a mis abuelos.	Carlos **iba** mucho al club cuando **era** chico.

En la práctica, al hablar o escribir, siempre combinamos ambos tiempos, dejando el pretérito perfecto simple para relatar el hecho puntual en sí, y el pretérito imperfecto para describir las circunstancias o el entorno, que expresa acciones repetitivas en el pasado.

Usamos el pretérito imperfecto para expresar acciones que se realizan en un largo espacio de tiempo, pero al usar también el pretérito perfecto simple describimos tal hecho como puntual: Ejemplos:

- Cuando **era** chico, **fui** a Catamarca muchos veranos para visitar a mis abuelos.
- **Era** viernes, y Regina **estaba mirando** una película cuando **tocó** el celular.

El pretérito imperfecto marca muy bien el contraste entre antes y ahora. Fíjate:

- Doña Julieta antes **era** muy trabajadora, se l**evantaba** temprano y **atendía** al público hasta tarde. Ahora ya se **jubiló**.
- Pedrito antes **jugaba** más con los amigos, pero después solo **jugó** con la computadora.

¡Practiquemos!

1 Lee el texto y conjuga el verbo entre paréntesis en pretérito perfecto simple o pretérito imperfecto, según corresponda.

SOL Y LUNA, OPUESTO Y COMPLEMENTARIO
(Mito mexicano - Época prehispánica)

[...]

_____ (haber) cuatro soles antes del actual. Cada uno _____ (marcar) eras distintas, entre las cuales _____ (detenerse) el tiempo y _____ (hacerse) la profunda oscuridad. Para que naciera el Quinto Sol, los mismos dioses _____ (deber) sacrificarse, morir, purificarse en el fuego, elemento producido por el más viejo de todos los dioses.

Códice Chimalpopoca, Anales de Cuauhtitlan, folio 2.

A pesar de que ya _____ (haber) nacido el Sol y poco después la Luna, cuerpos celestes fundamentales para elaborar el calendario, aún no _____ (estar) dotados de movimiento.

La esencia del tiempo _____ (ser), aparte de la luz, el movimiento. Ambos astros _____ (permanecer) estáticos hacia el oriente. Para echar a andar la precisa maquinaria del tiempo, _____ (deber) intervenir el dios del viento, que no sólo _____ (impulsar) al Sol y la Luna para que avanzaran en sus caminos celestiales, sino que los _____ (colocar) en los sitios del espacio que les _____ (corresponder) para desempeñar su tarea.

La conceptualización del tiempo se une de esta manera a la del espacio para conformar uno de los principales elementos que caracterizan a las culturas autóctonas de Mesoamérica. Algunos códices prehispánicos _____ (sobrevivir) para mostrarnos sencillos esquemas que representan esta compleja relación. Tal es el caso de la página 1 del Códice Féjérvary Meyer, en el que en los rumbos cardinales están no solo los dioses, sino los signos calendáricos, las aves y los árboles cósmicos. [...]

Página 1 del Códice Féjérvary Meyer.

Disponible en: https://www.mitos-mexicanos.com/mitos-mexicanos/sol-y-luna-opuesto-y-complementario.html . Acceso en: 4 mayo 2019.

PARA AYUDARTE

Describir personas: características físicas

Estatura y forma del cuerpo

alto   mediano   bajo

mediano   flaco o delgado

musculoso   débil

Piel

blanca   negra   parda o morena

Ojos

castaños o marrones   negros   verdes   azules

grises   grandes   pequeños   almendrados

rasgados   hundidos   saltones   juntos

separados

Nariz

pequeña

alargada

grande

ancha

Cabello

largo   mediano   corto

Pelos Masculinos

bigote   barba   perilla   sin afeitar   afeitado

Pelos

liso   calvo o pelado   enrulado rizado, enrizado

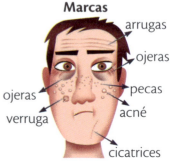
negro   castaño   rubio   pelirrojo   teñido   canoso

Marcas

arrugas
ojeras
pecas
ojeras
verruga
acné
cicatrices

¡Practiquemos!

1 Pon las palabras en orden para formar las frases.

a) soy negro / Yo / el pelo rizado. / y tengo

_____

b) perilla / Mi tío / y bigote. / lleva

_____

c) es calvo / Alfredo / y flaco.

_____

d) rubias? / ¿Tus dos / hermanas son

_____

e) un ojo azul / El gato de Fabio / y el otro verde. / tiene

_____

f) Ella / los ojos grandes / tiene / y negros.

_____

2 Descríbelos: ¿cómo son?

a)

b)

_____   _____

_____   _____

3 ¿Quién es? Junto con un compañero, piensa en alguien del aula y comienza a describirlo. Tu compañero deberá preguntarte sobre los rasgos físicos de la persona y tú deberás responder solamente sí o no, hasta que tu compañero descubra quién es. Luego la dinámica es al contrario, él pregunta y tú respondes. Puedes contar cuántas preguntas hizo cada uno y el que haga el menor número de preguntas gana.

PARA AYUDARTE

Describir personas: personalidad

¿Como te parece que es su personalidad?

aburrido / a	vergonzoso / a	introvertida /a
amable	abierto /a	irresponsable
carismático / a	activo / a	maduro/a
confuso / a	alegre	modesto / a
egoísta	antipático / a	orgulloso/ a
feliz generoso / a	atrevido / a	preocupada /a
gracioso /a	discreto /a	relajado / a
hablador /a	delicado / a	seguro / a
mandón / mandona	emprendedor / a	simpático / a
nervioso / a	enérgico / a	sincero / a
responsable	estable en su forma de	sinvergüenza
sentimental	pensar extrovertido / a	solitario/a
sociable	inconstante	tímido /a
trabajador/ a	independiente	travieso /a
tranquilo / a	inteligente	vago / a
triste	ingenioso /a	

Bolígrafo en mano

1 ¿Sabes cuáles son tu mejor y tu peor característica?

_____
_____
_____

2 ¿Cuál fue el peor villano que conociste en algún libro o telenovela? ¿Cómo era ese personaje?

_____
_____
_____

¿Cómo es tu personalidad? Descríbela aquí.

 Ahora completa tu perfil:

MI PERFIL

DESCRIPCIÓN FÍSICA

_____

_____

_____

INFORMACIONES BÁSICAS

Fecha de nacimiento: _____

Sexo: _____

Nacionalidad: _____

INFORMACIONES DE TU PERSONALIDAD

_____

_____

_____

_____

FRASES CÉLEBRES FAVORITAS

_____

_____

_____

CAPÍTULO 3

A escuchar

1 Escucha y, además de escribir los nombres de los autores, escribe también las palabras que describen a las figuras en las obras.

a)

b)

_____

_____

c)

d)

_____

_____

2 Responde V para verdadero y F para falso según corresponda.

a) ◯ Jean-François Millet es un artista francés que pintaba a la gente del campo.

b) ◯ A Maite le gusta la pintura aunque no conoce mucho.

c) ◯ Para Mara Sicca sus pinturas no son de personas gordas, sino esbeltas.

d) ◯ El Greco es un pintor argentino.

e) ◯ El arte de Donald Zolan tiene muchas niñas y niños.

3 ¿Te gusta el arte? Además de los pintores mencionados en el ejercicio anterior, ¿conoces otros artistas? ¿Cuáles? ¿Te gustan sus obras? ¿Por qué? Discútelo con tus compañeros.

PARA AYUDARTE

Adjetivos descriptivos

- bizco
- testarudo
- grosero
- descortés
- fuerte

- cojo
- tuerto
- sensible
- encantado
- zurdo

- feo
- anciano
- valiente
- listo
- culto

- mudo
- esbelto
- tranquilo
- perezoso
- cuerdo

- manco
- joven
- tonto
- mentirosa
- cortés

- hermoso
- enfermo

¡Practiquemos!

1 Completa las frases con el adjetivo correspondiente.

a) El chico del cuento tenía algunos problemas de visión, pues había perdido un ojo.

Era _____.

b) Antes forzaban a los _____ a escribir con la mano derecha, aunque para ellos no fuera natural.

c) Eso le pasó a Anita por _____: le dije que no usara ese camino, pero no me hizo caso. Ahora está atascada en el embotellamiento.

d) Don Carlos Rafael tiene una biblioteca con más de 2 mil libros. Dice que ha leído gran parte de ellos; sin duda es un señor muy _____.

e) Mi padre me enseñó algunas frases en lenguaje de señas para siempre poder comunicarme con los _____.

2 Imagina que vas a crear un cuento y debes describir tres personajes principales. Escribe en tu cuaderno todos los adjetivos que has aprendido hasta ahora para hacer una descripción minuciosa de ellos. Después discute con tus compañeros por qué escogiste esas descripciones físicas y psicológicas para cada personaje.

Soy ciudadano

 1 Lee los textos siguientes que tratan de diversidad.

RECURSOS PARA ENTENDER LA DIVERSIDAD SOCIAL

Los seres humanos compartimos la misma esencia. Tenemos unas características que son inherentes a la condición humana y que no varían aunque estemos separados por factores geográficos, históricos, culturales etc.

Sin embargo, más allá de estas características que nos unen como especie, también somos distintos en nuestras expresiones. Ningún pueblo, civilización o comunidad es exactamente igual a otro; es más, ninguna persona tiene un par idéntico. Esa opción de ser distintos es lo que se denomina **diversidad social**. Esto es así porque cada sociedad desarrolla sus propias expresiones y, por lo tanto, su propia cultura. Las creencias, el arte, el derecho, las costumbres y las tradiciones son algunos aspectos en los que se refleja la diversidad.

¿Es posible entender nuestro mundo sin la diversidad social?

El mundo en el que vivimos ahora es el resultado de un largo proceso de interacciones, transferencias e intercambios cuyo trasfondo siempre ha sido la diversidad social, desde la Antigüedad hasta nuestros días.

Para no ir tan lejos, la cultura occidental de la que somos herederos se remonta a la antigua Grecia, aunque esta, a su vez, se alimentó en determinados momentos de otras tradiciones, como por ejemplo del legado que dejaron las cuatro grandes civilizaciones de la Antigüedad: India, China, Mesopotamia y Egipto. [...]

Diversidad social: alternativas para entender el concepto

Hoy día, con la globalización como trasfondo y la aparición de nuevos actores sociales que reclaman protagonismo, es fundamental subrayar la importancia de la diversidad social y buscar nuevos recursos para hacerla visible.

La educación es el vehículo por excelencia para abordar este tema. Sin embargo, eso no significa que no podamos hacerlo en otros espacios cotidianos. Echa un vistazo a estos recursos que te proponemos sobre la diversidad social:

- **La gastronomía:** Puedes conocer más sobre otras culturas cuando te animas a probar los platos típicos de su gastronomía. No necesariamente tienes que viajar hasta allí; puedes hacerlo sin salir de tu ciudad.

- **La lectura:** Abre espacio en tu agenda de lecturas pendientes para autores que provengan de otras latitudes y que aborden temas que te resulten desconocidos. Los libros son la mejor ventana a la diversidad.
- **Las artes gráficas y otras expresiones:** Los museos y los centros de arte suelen reflejar la manera como las sociedades conciben el mundo. Arriésgate a sumergirte en exposiciones de algunas de ellas y fíjate en su legado.

[…]

Disponible en: https://eacnur.org/blog/recursos-entender-la-diversidad-social/. Acceso en: 14 mayo 2019.

TIPOS DE DIVERSIDAD

Diversidad cultural
La diversidad cultural o diversidad de culturas refleja la multiplicidad, la convivencia y la interacción de las diferentes culturas coexistentes, a nivel mundial y en determinadas áreas […].

Diversidad étnica
La diversidad étnica es la unión de diferentes pueblos en una misma sociedad, y que cada uno posee sus propias costumbres, lenguaje, piel, religiones, fiestas tradicionales, vestimenta, comida.

Diversidad lingüística
La diversidad lingüística se refiere a la existencia de una multiplicidad de lenguas dentro de un espacio geográfico. Es decir, la diversidad lingüística demuestra la existencia de diferentes lenguas dentro de una misma comunidad y que comparten el mismo espacio geográfico.
[…]

Diversidad biológica
La diversidad biológica o biodiversidad hace referencia a la inmensa variedad de seres vivos que existen en la Tierra, tanto especies animales como vegetales, y a su medio ambiente y los patrones naturales que la conforman, que son el resultado de la evolución a través de los procesos naturales y también de la influencia de las actividades del ser humano.
[…]

Disponible en: https://www.significados.com/diversidad/. Acceso en: 14 mayo 2019.

a) ¿Conoces algún grupo que apoye la diversidad en tu ciudad o en el país? Investiga sobre uno de ellos y haz un resumen en tu cuaderno sobre sus principales actividades y eventos, y luego intercambia las informaciones con tus compañeros.

AHORA TE TOCA A TI

1 ¿Cómo son ellos? Relaciona las características de la columna del lado izquierdo con el adjetivo correspondiente en la columna del lado derecho.

a) Carla siempre ayuda a estudiar a sus compañeros de clase.

b) A Mandy no le gusta prestar sus útiles escolares.

c) Alicia siempre está rodeada de amigos, le gusta conversar y conocer gente nueva.

d) Augusto tiene muy buenas notas, estudia bastante pero siempre tiene tiempo para jugar con sus amigos.

e) Cuando salimos, Guillermo siempre nos cuida de los más grandes que a veces quieren fastidiarnos. Él no les tiene miedo.

f) Renzo no sabe hablar con las personas, siempre está de mal humor y dice muchas malas palabras.

○ Sociable

○ Valiente

○ Grosero/a

○ Egoísta

○ Listo/a

○ Solidario/a

2 Completa los espacios en blanco del siguiente fragmento de un cuento, conjugando los verbos en pretérito imperfecto.

EL REY DURMIENTE

Era una vez una bella princesa aburrida de la seriedad de la corte. Como _____ (ser) la hija del rey no _____ (poder) bajar a jugar con los demás niños, así que _____ (conformarse) con verlos desde el balcón de su habitación. Desde allí _____ (imaginar) mil aventuras fuera de los muros del castillo. _____ (fantasear) con visitar otros reinos cuando escuchó la melodía que _____ (cantar) unas niñas que _____ (saltar) a la comba en el patio.

– El rey dormirá y no despertará hasta la mañanita de San Juan – _____ (corear) animadamente.

A la princesa le sorprendió tanto aquella curiosa canción que mandó llamar a una de las niñas.

– ¿Qué cantáis en vuestros juegos? – le preguntó intrigada.

– Es una historia que nos _____ (contar) nuestra madre antes de dormir – respondió la niña con timidez.

　　　– Cuéntamela tú ahora – ordenó la princesa.

　　　– Dice mi madre que en un castillo muy lejos de aquí vive un rey hechizado que se pasa todo el año durmiendo. Sólo despierta la mañanita de San Juan. Si no hay nadie a la cabecera de su cama, se vuelve a dormir hasta el año siguiente.

　　　Permanecerá encantado hasta que encuentre una princesa con la que casarse. […]

Disponible en: www.fundacionlengua.com/cuentos-populares/pdf/cuento3.pdf. Acceso en: 5 mayo 2019.

(3) Ordena las siguientes frases y conjuga los verbos en pretérito imperfecto.

a) aquella / quién / persona / casa? / tu / en / que / estar / ser

_____

b) a / me / playa / ir / antes / la / gustar

_____

c) nosotros / mucha / esa / noche / hambre / tener

_____

d) sus / mucho / clase / en / hijos / hablar

_____

e) calificaciones / muy / buenas / vuestras / estar

_____

f) instituto / ordenadores / mi / no / en / haber

_____

UNIDAD 4
¡SIEMPRE LISTO!

||| EN ESTA UNIDAD |||

- Estudiaremos las preposiciones.
- Practicaremos el plural de los sustantivos.
- Conoceremos el plural de los sustantivos no contables.
- Hablaremos de *scouts*, trabajo voluntario y ONGs.

1 Mira estas imágenes. ¿Dónde están y qué hacen los chicos? ¿Conoces los *scouts*?

2 ¿Y tú? ¿Te gustaría ser un *scout*? ¿Por qué?

_____
_____
_____

VP Photo Studio/Shutterstock.com

||| ¡Prepárate! |||

1) ¿Conoces algún *scout*? ¿Sabes qué es eso? ¿Qué hacen los *scouts*? ¿Solo hay *scouts* en Brasil?

2) Ahora, vamos a oír la conversación de Julián y Verónica.

Julián: ¿Qué hiciste el fin de semana?

Verónica: Fui a un campamento con mi grupo *scout*.

Julián: Yo no sé qué hace ese grupo...

Verónica: Los *scouts* son un movimiento mundial de niños. Es un método de educación alternativa que potencia las capacidades de las personas.

Julián: ¿Y cualquiera puede participar?

Verónica: Sí. Tienes que buscar un grupo que esté cerca de tu casa. Hay muchos grupos.

Julián: Cuéntame más sobre lo que hicieron en el campamento.

Verónica: Esta reunión fue el inicio de las preparaciones para la Semana de las Buenas Acciones. Te muestro unas fotos.

Julián: ¿Pero tu madre también está con el uniforme?

Verónica: Sí, ella también es *scout*.

Julián: Yo pensaba que solo los niños podían ser *scouts*...

Verónica: No, una vez *scout*, siempre *scout*.

a) ¿De qué hablan los niños?

_____

b) ¿Cuál de los dos niños es *scout*? ¿Qué cuenta sobre lo que es el movimiento *scout*?

_____

_____

c) ¿Cuál era el motivo del campamento?

_____

_____

3 Lee el texto y realiza las actividades.

¿QUÉ SON LOS *SCOUTS* Y QUÉ HACEN?

Los scouts somos miembros activos de un movimiento denominado escultismo. Este es un movimiento de educación no formal en el que los jóvenes participan de forma voluntaria y apolítica. El fin último del movimiento es realizar una contribución al desarrollo integral de los jóvenes y a la sociedad, partiendo de nuestra propia comunidad.

[…]

Las ramas o secciones van por edades: de 6 a 8 años los Castores; de 9 a 11 los Lobatos; de 12 a 14 los *Scouts*, *Rangers* o Exploradores; de 15 a 17 los Pioneros, Escultas o Compañeros; de 18 a 21 los *Rovers* o Rutas. Por último están los adultos que reciben el nombre de *Scouters*, Responsable o a su conjunto el *Kraal*.

[…]

John Alphonse/Dreamstime.com

Para los *scouts* la familia es muy importante, se la considera el centro de todo, por lo tanto, a través de las prácticas, el escultismo muestra a los jóvenes una educación basada en el amor, que permite formar familias en las que se formen personas de valores, creyentes en la justicia social, servidores de su comunidad y solidarios ante todo.

Dentro de las bases del escultismo se encuentra también el amor por la naturaleza y el medio ambiente, realizando actividades que muestran a la comunidad completa las formas de cultivar el amor por la Tierra y la forma de preservarla lo mejor posible.

[…]

Las actividades que se realizan para la consecución de estos fines son de todo tipo: juegos, campamentos, salidas al campo, excursiones, actividades con fines sociales, actividades comunitarias, *raids*, contrucciones de madera, actividades orientadas a la educación para la salud etc.

Disponible en: http://programas.gsjarama.org/myfaq/index.php?action=artikel&cat=1&id=1&artlang=es. Acceso en: 23 mayo 2019.

a) Busca el significado de las siguientes palabras en un diccionario monolíngë Español-español:

- lobato: _____

- desarrollo: _____

- castor: _____

b) ¿En cuál de las ramas podrías inscribirte (Castores, Lobatos, Scouts, Pioneros o Rovers)?

Actividad oral

Preposiciones

Fíjate:

- Fui **a** un campamento **con** mi grupo *scout* (chicos y chicas **entre** 7 y 21 años).

Las preposiciones establecen relaciones o nexos entre dos palabras. Vamos a conocer algunas preposiciones en español.

- **a:** Indica un destino. Ejemplos:

Ve **a** la biblioteca.

Volvemos **al** trabajo. (Contracción **a + el**)

- **a:** Indica la hora. Ejemplo:

El banco abre **a** las 10:30.

- **ante:** Indica que algo está delante del objeto o persona indicada, o en presencia de ella; tanto de modo real o en un sentido figurado. Ejemplo:

Estamos muy preocupados **ante** una situación como esta.

- **bajo:** Indica algo físicamente por **debajo** del objeto o persona indicada; también sirve para indicar dependencia por subordinación, o de consecuencia. Ejemplo:

El anillo cayó **bajo** la cama.

- **con**: Indica una compañía o un instrumento de producción de la acción. Ejemplo:

Trabajamos **con** Regina.

- **contra**: Indica oposición, rechazo, disgusto o, por lo contrario, una proximidad física total. Ejemplo:

El médico le recetó una medicación **contra** la anemia.

- **en**: Indica ubicación. Ejemplo:

Vive **en** Montevideo.

- **en:** Indica formas de movilidad o de transporte. Ejemplo:

Viaja **en** autobús, **en** tren y **en** metro para llegar al trabajo.
(Excepción: **a** pie, **a** caballo.)

- **en:** Indica tiempo, las estaciones del año, los meses, años etc. Ejemplos:

Víctor llegó a Brasil **en** 1999.

PARA AYUDARTE

- México - **Camión**
- Cuba y República dominicana - **Guagua**
- Argentina - **Colectivo/ómnibus/el micro**
- Perú - **Ómnibus**
- Chile - **la micro**

En julio hace mucho frío en Mendoza.

¡Ojo! Los días de la semana, en español, nunca van acompañados por la preposición **en**. Ejemplo: Vuelvo **el** lunes.

- **de:** Indica una procedencia. Ejemplos:

Es **de** Colombia.

Soy **del** sur. (contracción **de + el**)

- **entre:** Expresa una idea de intermediación o de alternativa de lugar, de opciones o de tiempo, y de participación en conjunto. También puede referirse al punto intermedio de una trayectoria. Ejemplos:

Viajamos **entre** Córdoba y Catamarca.

Lo terminaron **entre** todos los amigos del barrio.

- **desde:** Indica un punto de partida o de comienzo tanto en el tiempo como en el espacio. Ejemplos:

Volvimos **desde** Córdoba.

El restaurante está abierto **desde** las once.

- **hasta:** Indica un punto de llegada, o el límite de un estado o de una acción. Ejemplos:

Llegamos **hasta** la Avenida General Paz.

El museo queda abierto **hasta** la tarde.

- **hacia:** Indica la dirección de un movimiento, o una tendencia física o subjetiva. Ejemplos:

Los padres viajaron **hacia** el sur, a la Patagonia.

No siento gran simpatía **hacia** la poesía.

¡Practiquemos!

1. Completa con las preposiciones correctas las siguientes frases.

a) Regina pasa _____ un momento difícil, pero ella puede contar _____ sus padres _____ cualquier momento.

- ◯ a / por / para   ◯ por / con / en

b) La nena se puso _____ llorar porque se sintió muy triste.

- ( ) a   ( ) para

¡Nada que ver!

- Viste que las preposiciones en español son bastante similares a las preposiciones en portugués, ¿no? Pero, **OJO**, lo que cambia no es la escritura ¡sino su uso!

Fíjate:

Voy **a** votar **por** los socialistas. (español)

Vou votar **nos** socialistas. (portugués)

Estudia **a** la mañana y trabaja **a** la tarde. (español)

Estuda **de** manhã e trabalha **à** tarde. (portugués)

Vinieron **en** auto. (español)

Vieram **de** carro. (portugués)

- En español, al usar **entre** con el pronombre **yo**, este va siempre en segundo lugar. Ejemplos:

Repartiremos el trabajo **entre** tú y yo.

Pagaremos el viaje **entre** ella y yo.

> **PARA AYUDARTE**
>
> México, Venezuela y Chile – **en la mañana**.
>
> España – **por la mañana**.
>
> Argentina y Uruguay – **a la mañana**.

- Cuando se trata de sugerencias u órdenes, no se usa **para** antes del verbo en infinitivo. Ejemplos:

Les **dije** que estuvieran en casa antes de anochecer. (español)

Falei **para** estarem em casa antes de anoitecer. (portugués)

¡Practiquemos!

1 **Completa las siguientes frases con la preposición adecuada.**

a) ¡Apúrate! Necesito llegar _____ casa antes de las siete.

b) Este secreto queda _____ tú y yo, ¿sí? No se lo digas a nadie más.

c) Alicia llega mañana de Monterrey, seguro llega muy cansada porque viene _____ coche.

d) La entrega del trabajo de biología quedó _____ la semana que viene.

 ¿Te sientes siempre listo para ayudar a los que necesitan ayuda? Vamos a leer la historia de un niño que decidió ayudar al prójimo.

LA EMOTIVA HISTORIA DEL NIÑO DE 6 AÑOS QUE CONSTRUÍA POZOS EN ÁFRICA

Aunque parezca increíble, personas como Ryan Hreljac han demostrado que se puede cambiar el mundo independientemente de lo joven que se sea. Y es que, cuando este canadiense contaba apenas seis años de edad, [...] una de las profesoras de Ryan le explicó en clase que, mientras que ellos disponían de una fuente de agua cada pocos metros en la escuela, los niños de África no podían ir al colegio por la escasez del líquido elemento. Esto le pareció totalmente injusto.

Por entonces, hacer un pozo de agua en África costaba **70 dólares**, así que este inquieto chico se propuso conseguir el dinero. [...] Pero había un problema: el pozo costaba realmente **2.000 dólares**.

[...] Esta sana ambición de querer cambiar las cosas ha hecho que ahora Ryan y su fundación construyeran un total de 878 pozos, ayudando así a más de 800.000 personas en diferentes países de África, cambiándoles la vida.

[...]

Ryan Hreljac continúa su labor para conseguir que haya más pozos en este continente [...]. Por eso ahora da charlas y congresos para que la gente conozca su historia y se anime a hacer voluntariado, porque como él mismo dice «No hay edad para la solidaridad».

Disponible en: www.abc.es/internacional/20141215/abci-nino-africa-pozos-201412151202.html. Acceso en: 5 mayo 2019.

La ONG que fundó ha facilitado el acceso al agua para 736.000 personas en 30 países.

- ¡Ponte listo tú también! Piensa en algún proyecto para ayudar a quienes necesitan ayuda y escríbelo en tu cuaderno.

Plural de los sustantivos

Hay varias formas para el plural:
- Las palabras que terminan en consonante forman su plural agregando **ES** cuando tienen terminación en **D**, **L**, **R**, **Y**. Ejemplos:

Final en	Singular	Plural
D	la pare**d**	las pared**es**
D	el ataú**d**	los ataúd**es**
L	el árbo**l**	los árbol**es**
L	el cuarte**l**	los cuartel**es**
R	el corredo**r**	los corredor**es**
R	el ordenado**r**	los ordenador**es**
Y	el re**y**	los rey**es**
Y	la le**y**	las ley**es**

- Las palabras terminadas en **ÓN** forman su plural agregando **ES** y pierden el acento. Ejemplos:

Final en	Singular	Plural
ÓN	la soluci**ón**	las solucion**es**
ÓN	el coraz**ón**	los corazon**es**

- Las palabras que terminan con las vocales **A**, **E** y **O** simplemente agregan una **S** para hacer el plural. Ejemplos:

Final en	Singular	Plural
A	la gat**a**	las gat**as**
A	la mes**a**	las mes**as**
E	el tigr**e**	los tigr**es**
E	el sobr**e**	los sobr**es**
O	el turn**o**	los turn**os**
O	el libr**o**	los libr**os**

• Los sustantivos terminados en **S** o en **X** tienen un plural especial. Si la palabra es aguda, o sea, con acento en la última sílaba, el plural se forma agregando **ES**. Ejemplos:

	Singular	Plural
Acento en la última sílaba	el comp**ás**	los compas**es**
	el an**ís**	los anis**es**
	el portugu**és**	los portugues**es**
	el japon**és**	los japones**es**
	el franc**és**	los frances**es**
	el ingl**és**	los ingles**es**

• Pero, si las palabras terminan en **S** o en **X** y no son agudas, van a permanecer invariables en el plural, es decir, quedan iguales, y solo el artículo indicará el número. Ejemplos:

Final en	Singular	Plural
S	el viern**es**	los viern**es**
	la crisis	las crisis
	el cumpleañ**os**	los cumpleañ**os**
	el paréntesi**s**	los paréntesi**s**
	el virus	los virus
	el bícep**s**	los bícep**s**
X	el clíma**x**	los clíma**x**
	el tóra**x**	los tóra**x**

• En español, las palabras que terminan en **Z**, cambian en el plural para **CES**: Ejemplos:

Final en	Singular	Plural
Z	el pe**z**	los pe**ces**
	el mati**z**	los mati**ces**
	la vo**z**	las vo**ces**

• Además, hay palabras que solo aceptan el singular, o sea, no tienen plural. Ejemplos: el este, el oeste, el norte, el sur, la tez etc.

• Tampoco existe plural en algunos adjetivos y sustantivos, por ejemplo, los no contables que designan materias o sustancias: el café, el hielo, la carne, el té etc.

- O los que representan ideas abstractas. Ejemplos: la sed, el caos, la salud, el hambre, el descanso etc.

- O en el caso de los nombres colectivos: la población, el público, la policía, el bagaje, el equipaje etc.

- Otros sustantivos, sin embargo, solo admiten la forma plural: las nupcias, las tenazas, las vacaciones, los víveres, las gárgaras, los modales, las afueras, los honorarios etc.

 ¡Practiquemos!

1. Busca en la unidad 10 palabras que estén en el plural y escríbelas aquí. Al lado escribe su forma singular.

plural	singular	plural	singular

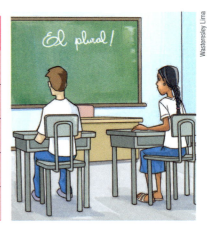

2. Copia la tabla en tu caderno y separa 5 frases de tu libro hasta esta unidad y colócalas en el lugar correspondiente (singular o plural). Después, completa la otra columna, transformando la frase al singular o al plural según corresponda. Mira el modelo.

plural	singular
Sí, ellas también son *scouts*.	Sí, ella también es *scout*.

A escuchar

1 Vamos a escuchar lo que cuenta Alberto. Completa con las preposiciones.

Fui andando despacio _____ las calles del centro y me paré _____ las vidrieras, _____ la lluvia fuerte de marzo, mirando todo _____ una gran curiosidad. _____ todas las opiniones _____ la familia, anduve _____ las avenidas más céntricas y me interné _____ las calles más lejanas, _____ comercios y casas de familia, caminé _____ los barrios, _____ las últimas villas. _____ no asustar a mis padres, les llamé _____ teléfono. _____ me dijo papá, tenía que volver a casa _____ demoras, so pena de llevar un castigo. Al llegar a casa, _____ la mesa de luz encontré un librito contando las aventuras de *El niño scout*. _____ pensarlo mucho, decidí ser más obediente y solo pasear con la compañía de mis padres y de los compañeros *scouts*.

2 Completa con V para verdadero y F para falso según corresponda.

- ( ) Alberto hizo un recorrido por las calles del centro.
- ( ) Alberto no demoró mucho en su caminata. Apenas anduvo por algunas pocas calles.
- ( ) Alberto tuvo que llamar a casa para avisar que demoraría.
- ( ) Alberto tomó como costumbre caminar solo por la calle todos los días después de la escuela.
- ( ) Alberto disfruta de la compañía de sus compañeros *scouts*.

3 ¿Y a ti? ¿Te gusta caminar por las calles de la ciudad? ¿Qué medio de transporte usas para ir a la escuela? ¿Andas solo o acompañado? Discútelo con tus compañeros.

_____
_____
_____
_____
_____

CAPÍTULO 4

Atando cabos

DEFINICIÓN DE ONG

ONG es la sigla de Organización No Gubernamental. Se trata de entidades de iniciativa social y fines humanitarios, que son independientes de la administración pública y que no tienen afán lucrativo.

Una ONG puede tener diversas formas jurídicas: asociación, fundación, cooperativa, etc. Es importante resaltar que nunca buscan obtener ganancias de tipo económico, sino que son entidades de la sociedad civil que se basan en el voluntariado y que intentan mejorar algún aspecto de la comunidad.

Las ONG suelen financiarse a través de la colaboración de los ciudadanos, de los aportes estatales y de la generación propia de ingresos (mediante la venta de vestimenta o la realización de eventos, por ejemplo). Parte de sus recursos pueden destinarse a la contratación de empleados de tiempo completo (es decir, que no trabajan de manera voluntaria sino que se dedican exclusivamente a las tareas de la organización).

Símbolo de la ONG WWF (World Wide Fund For Nature).

El campo de acción de una ONG puede ser local, nacional o internacional. La asistencia sanitaria, la protección del medio ambiente, el fomento del desarrollo económico, la promoción de la educación y la transferencia tecnológica son solo algunos de los asuntos que incumben a este tipo de organizaciones.

La Carta de las Naciones Unidas (ONU) ya reconocía, en 1945, la importancia de las ONG en diversas temáticas. Es importante tener en cuenta, de todas formas, que las ONG no buscan reemplazar al Estado o a los organismos internacionales, sino que intentan complementar sus funciones.

La Cruz Roja, fundada en 1863, es una de las ONG más antiguas del mundo. Otras de las ONG más importantes y de mayor tamaño en la actualidad son Greenpeace y WWF.

Disponible en: https://definicion.de/ong/. Acceso en: 15 mayo 2019.

¡DESCUBRE MÁS!

Página de la Unesco que explica sobre las Organizaciones no gubernamentales:
- http://portal.unesco.org/es/ev.php-URL_ID=32906&URL_DO=DO_TOPIC&URL_SECTION=201.html

Página de la Cruz Roja (organización humanitaria que presta asistencia con el propósito de prevenir y aliviar el sufrimiento humano en todos los continentes):
- https://media.ifrc.org/ifrc/?lang=es

Página de Greenpeace en España (organización ecologista y pacifista internacional, presente en 55 países de todos los continentes):
- https://es.greenpeace.org/es/

Página de la WWF (organización independiente de conservación de la naturaleza):
- www.wwf.es/

EN EQUIPO

1 ¿Cuáles ONGs brasileñas conoces? En grupos, desarrollen un proyecto de creación de una ONG, explicando todos los detalles necesarios: objetivos, público, alcance. Después, preséntenselo a sus compañeros.

Cultura en acción
Deportes en el Caribe y Sudamérica

Trópico de Cáncer

Venezuela

0° Ecuador

OCÉANO PACÍFICO

Ecuador

Trópico de Capricornio

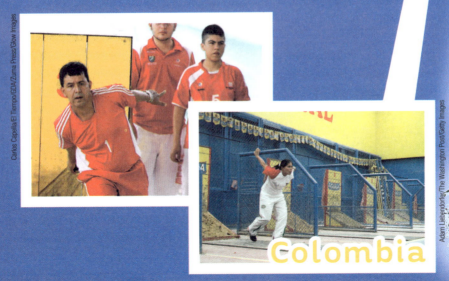

Colombia

OCÉANO ATLÁNTICO

Cuba

Puerto Rico

República Dominicana

0   440 km
1 cm = 440 km

AHORA TE TOCA A TI

1) Completa las siguientes oraciones con los plurales de los sustantivos.

a) Los _____ (actor) y _____ (actriz) llegaron dos horas antes al ensayo general.

b) Carlota y Federica discutieron el fin de semana y estuvieron enojadas toda la semana. Afortunadamente, ya hicieron las _____ (paz).

c) Luisa tiene dos _____ (gato) y tres _____ (perro) en su casa de campo.

d) Ligia vive en dos _____ (ciudad) al mismo tiempo: trabaja en una y tiene su casa en otra.

e) En el siglo pasado, algunos países pasaron por varias _____ (crisis) económicas.

2) Convierte las siguientes frases en singular o plural según sea el caso.

a) Los anillos de oro.

_____

b) La plaza del pueblo.

_____

c) La ensalada de frutas.

_____

d) Los chicos del barrio.

_____

3) Completa las siguientes frases con las preposiciones adecuadas.

a) El abuelo se cayó _____ la silla y se lastimó la pierna y solo podrá ir _____ la gimnasia dentro _____ dos semanas.

b) Ayer Javier me llamó _____ teléfono porque necesita ayuda _____

una prueba.

c) La maestra nueva es, _____ mí, la más simpática que tuvimos este año.

d) Nos hizo un saludo _____ el tren, pero no se bajó a conversar.

e) No quiero comentar _____ este tema tan desagradable.

f) Van a quedarse en Córdoba _____ que se les termine el dinero.

(4) **Busca las preposiciones en la sopa de letras. Hay 8. Encuéntralas.**

J	U	L	K	M	H	E	D	J	H	E	G	S	S	E
A	N	T	E	Y	A	A	I	K	L	N	L	O	O	P
D	F	G	R	T	C	O	A	F	V	T	B	E	N	V
Y	J	F	N	U	I	J	Z	Z	P	R	D	O	Y	I
T	H	R	O	T	A	H	X	E	E	E	B	K	B	J
U	O	I	X	C	V	A	J	H	K	A	V	A	G	H
P	M	A	N	D	E	S	D	E	B	J	J	C	O	I
A	Y	J	K	L	S	T	V	G	D	O	D	O	L	P
H	D	L	O	U	U	A	C	O	E	S	F	R	O	I

(5) **Marca las frases que tienen incorrecciones en la preposición y corrígelas.**

a) Pablo siempre va a trabajar con autobús. _____

b) A Carmen y a mí nos gusta mucho pasear en el parque. _____

c) Los bancos no abren normalmente por la tarde. _____

d) ¿Dónde vais a ir de vacaciones? _____

e) Ayer me levanté a las diez por la mañana. _____

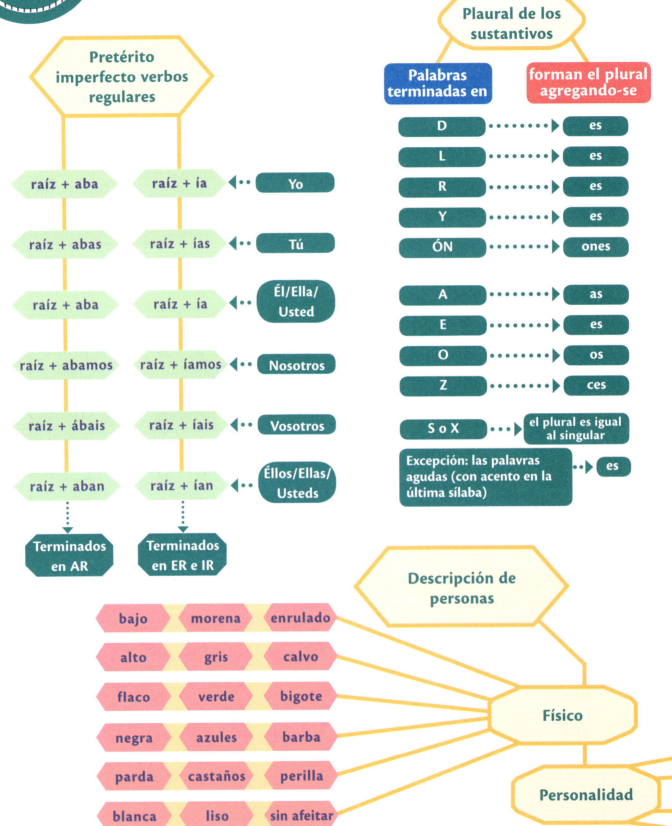

¡NO TE OLVIDES!

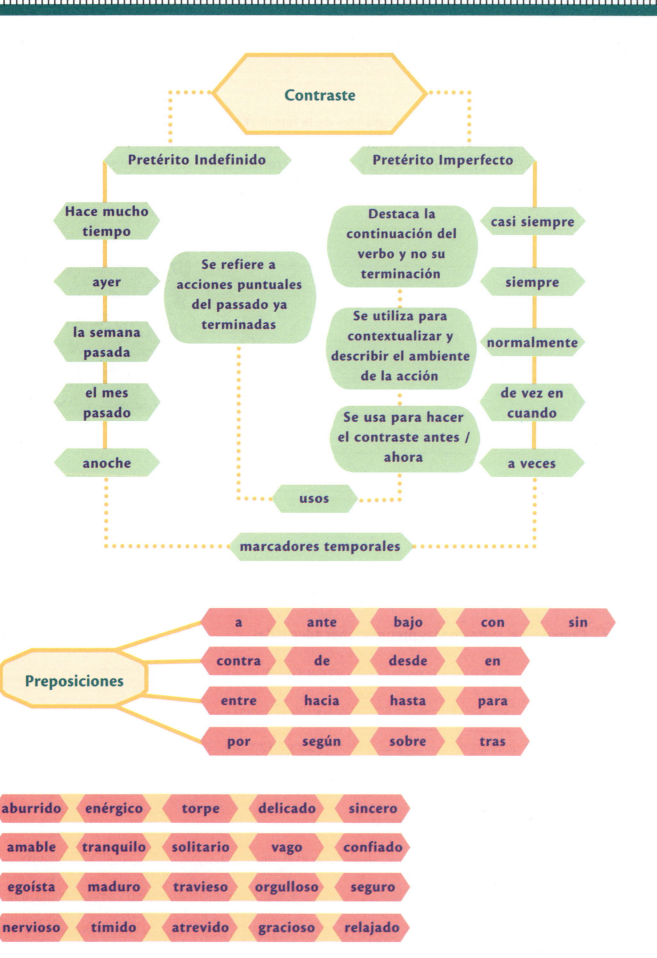

REPASO

1 Describe a cada uno de los integrantes de la familia González y realiza la actividad, especificando: color de pelo, color de ojos, tamaño (alto o bajo), contextura física (flaco/delgado, relleno, musculoso etc.), y otras características relevantes (anteojos, barba, bigote, lunares etc.).

_____

_____

_____

_____

_____

_____

_____

_____

_____

_____

2 Completa el texto con las preposiciones adecuadas.

La primera vez que viajamos _____ Venezuela fue _____ 2008. Fuimos _____ Los Roques a conocer las maravillosas aguas del Caribe. Después _____ Los Roques, fuimos _____ la Isla de Margarita _____ el noreste venezolano, _____ ir _____ compras y aprovechar la vida nocturna de la ciudad, allí estuvimos 5 días. Para finalizar nuestro viaje, hicimos una parada _____ Caracas.

_____ la Isla _____ Caracas el viaje duró _____ 40 y 50 minutos _____ avión, fue muy rápido y fácil. _____ Caracas nos esperaba nuestra amiga Sandra, que vivía allá. Fueron unos días fantásticos donde pudimos ver paisajes lindísimos que nunca olvidaremos.

3 Conjuga los siguientes verbos en pretérito imperfecto y luego completa el siguiente crucigrama:

a) Recibir (nosotras) _____

b) Implorar (yo) _____

c) Pedir (tú) _____

d) Prometer (usted) _____

e) Reír (ellas) _____

f) Infectar (él) _____

g) Ser (nosotros) _____

h) Reducir (ustedes) _____

i) Tomar (ella) _____

j) Proponer (ellos) _____

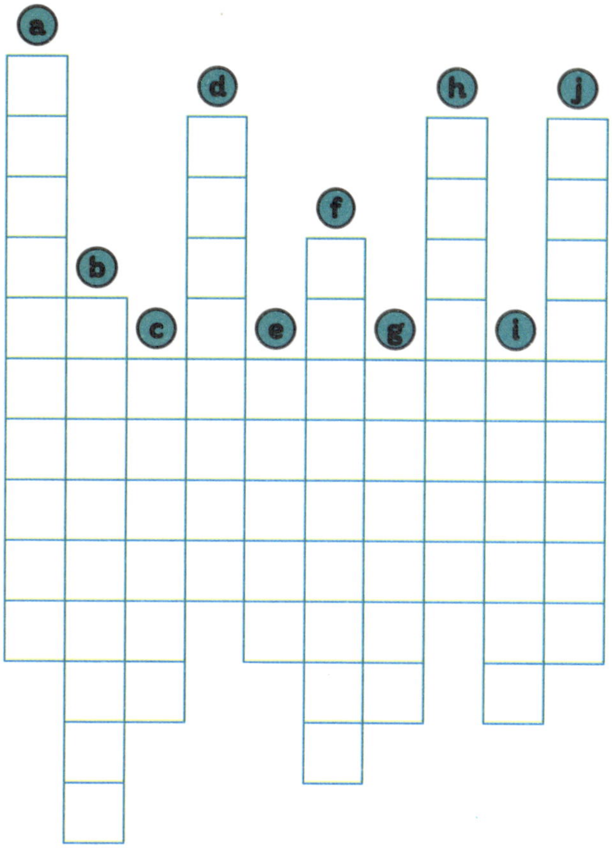

4 Corrige los errores de los verbos en negrita conjugándolos en el tiempo verbal correcto. ¡Cuidado! Algunos verbos están correctos.

Cuando Ester **se levantaba**, **hacía** mucho frío en su apartamento. **Cerró** con cuidado todas las ventanas, pero todavía **tuvo** frío. **Pareció** que la calefacción no **funcionaba**. Se **preparaba** una taza de té, se **puso** otro suéter y **llamaba** al dueño del edificio para decirle lo que **pasaba**. El dueño le **dijo** que ya lo **supo** y que un técnico **iba** a venir en seguida. Mientras Ester lo **esperó**, **llamaba** a su amiga, quien **era** su vecina, para saber qué **hizo** para abrigarse.

_____

_____

_____

_____

Universidade Federal da Bahia – Vestibular 2012 – 2ª fase

Disponível em: http://firmas.lasprovincias.es/raulsalazar/las-ruinas-de-grecia. Acesso em: 5 out. 2011.

1 Lea con atención la viñeta y, luego, haga lo que se le pide.

a) La expresión "¡Anda!" es un imperativo lexicalizado que, en el contexto, expresa

_____

_____

b) Reescriba la oración "¡Os he dicho que no toquéis las ruinas!", cambiando el interlocutor para la segunda persona del singular:

_____

_____

c) Desde el punto de vista sintáctico, el término "Os" ejerce la función de:

_____

_____

Disponível em: http://download.uol.com.br/vestibular2/prova/UFBA_2012_2FASE_PROVA_LINGUA_ESTRANGEIRA.pdf. Acesso em: out. 2011.

Universidade Federal de Minas Gerais – Vestibular 2010 – 2ª fase

2) De acuerdo al contenido de las frases propuestas, ELIJA, en cada caso, el homófono que corresponda.

1) Se hizo la repartición de los _____. (vienes, bienes)

2) La _____ me atrapó y quedé llena de arena. (ola, hola)

3) Quieren ir a la _____ de la montaña para ver la ciudad desde arriba. (cima, sima)

4) Hay una _____ para profesora. (bacante, vacante)

5) El _____ es una comida típica del mundo hispánico. (cocido, cosido)

6) Se estropeó el _____ de ensayo del laboratorio. (tubo, tuvo)

7) El _____ del pueblo resolvió urbanizar las calles periféricas. (concejo, consejo)

8) Los juegos de _____ de los casinos son peligrosos. (asar, azar)

9) _____ la tierra antes de que lleguen las lluvias. (Haremos, Aremos)

10) Siempre que _____ al niño deja de llorar. (meses, meces)

11) La _____ comenzó a las diez en punto. (cesión, sesión)

Disponível em: http://download.uol.com.br/vestibular2/prova/ufmg_2010_espanhol_2afase.pdf. Acesso em: out. 2011.

3) Completa las frases con las preposiciones adecuadas u otras palabras que indiquen ubicación en el espacio o en el tiempo. Consulta el recuadro siguiente.

bajo	atrás	en frente a	a la izquierda	debajo
después	arriba	en	contra	

a) Mis abuelos viven _____ mi casa.

b) El edificio de Guillermo está _____ de la avenida.

c) El curso empezó _____ de las 10:30 de la mañana.

d) La profesora estaba _____ de la directora.

e) El libro está _____ de la mesa.

f) La lapicera quedó _____ del escritorio de papá.

||| EN ESTA UNIDAD |||

- Estudiaremos los adverbios secuenciales de tiempo.
- Recordaremos los antónimos.
- Conoceremos el objeto directo y el objeto indirecto.
- Hablaremos de los pronombres complementarios del objeto directo e indirecto.
- Hablaremos del leísmo.
- Practicaremos los pronombres del objeto directo referidos a personas.
- Discutiremos los pronombres del objeto directo referidos a cosas.
- Conoceremos la Declaración Universal de los derechos de los animales.
- Hablaremos sobre la adopción de animales domésticos.

1 ¿Sabes cuáles son las características de los animales en las imágenes? Intenta descubrirlas. *Actividad oral*

||| ¡Prepárate! |||

1 ¿Tienes algún animal doméstico? ¿Lo compraste o te lo regalaron?

2 Vamos a ver qué conversan los amigos sobre la llegada de un nuevo animalito a la casa de uno de ellos.

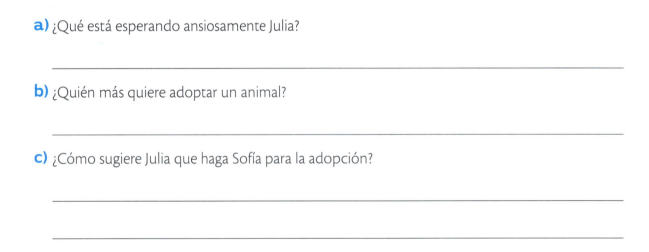

Julia: ¡No veo la hora que llegue el viernes!

Gabriel: ¿Por qué?

Julia: Porque es el día que voy a buscar una gatita en la casa de una amiga de mi mamá.

Gabriel: ¡Ay, qué lindo! ¿Tiene alguna raza o es una gatita callejera?

Julia: Es siamesa, una hembra.

Gabriel: A mí también me gustaría un gato, pero tengo dos perros grandes; ellos no soportan a los gatos...

Julia: Mejor no arriesgarse entonces.

Sofía: ¿Y la amiga de tu mamá tiene algún otro para donar?

Julia: No, todos ya están prometidos a otros amigos. ¿Quieres adoptar uno también? Puedo ayudarte.

Sofía: ¿Conoces a alguien?

Julia: No, pero hay varias ONGs que hacen esto. En el sitio web de la ONG que elijas primero tienes que buscar las fotos de algún gato que te guste. Después tienes que inscribirte llenando una ficha, pero eso tiene que hacerlo tu padre o madre, un mayor de edad que será responsable por la adopción. Luego algún encargado se contactará con tus padres y al final vendrá una persona para entregar el animalito en tu casa para averiguar si el local está bien preparado para recibirlo.

Gabriel: Parece fácil.

Sofía: Cuando mi madre llegue del trabajo le cuento, y seguro que haremos hoy mismo el trámite.

a) ¿Qué está esperando ansiosamente Julia?

_____

b) ¿Quién más quiere adoptar un animal?

_____

c) ¿Cómo sugiere Julia que haga Sofía para la adopción?

_____

_____

_____

3 ¿Qué te pasa? Charla con tu compañero sobre los temas a continuación.

a) ¿Tienes algún animal en tu casa? ¿Él fue comprado o adoptado? ¿Cuáles son las ventajas de cada una de esas formas para tener un animal?

b) ¿Conoces a alguien que ayude a entidades que cuiden a los animales abandonados?

Adverbios secuenciales de tiempo

Fíjate:

- "**Primero** tienes que buscar las fotos de algún gato que te guste. **Después** tienes que inscribirte llenando una ficha, pero eso tiene que hacerlo tu padre o madre, un mayor de edad, que será responsable por la adopción. **Luego** algún encargado se contactará con tus padres y **al final** vendrá una persona para entregar el animalito en tu casa."

¿Recuerdas qué es un adverbio? ¿Sabes que son los adverbios de tiempo?

Para mostrar un orden, un proceso en secuencia, con inicio, medio y fin, usamos como recursos los **adverbios secuenciales** como:

- **en primer lugar, luego, después, entonces, más tarde, finalmente, al final, por fin.**

 ¡Practiquemos!

1 Completa el texto con LUEGO, A CONTINUACIÓN, FINALMENTE, DESPUÉS y PRIMERO.

Para preparar el desayuno, _____ traes el pan, la manteca y el café con leche.

_____ , cortas un mamón en trozos pequeños. _____ , pones los trocitos de mamón en un platito con miel.

_____ , agrégale manteca a los panes y listo.

Ah, sí, _____ , no te olvides de llamarme para desayunar, ¿eh?

2 Reescribe en tu cuaderno el texto anterior en la primera persona del singular.

CAPÍTULO 2 — Atando cabos

 1 Lee el reportaje y responde las preguntas.

http://lapiedradesisifo.com/2014/10/23/seg%C3%BAn-un-estudio-las-historias-con-animales-humanizados-confunden-los-ni%C3%B1os/

LITERATURA

Según un estudio las historias con animales humanizados confunden a los niños

Una de las características por excelencia del ser humano es la de humanizar cuanto le rodea, quizá como una forma de comprender la realidad, o tal vez para crear empatía con un mundo que en ocasiones le es hostil. Es algo que viene haciendo desde los orígenes de la literatura. [...] Y si hablamos de literatura infantil casi no se puede concebir una historia que no contenga algún animal con rasgos humanos, desde el gato con botas, el patito feo o el lobo feroz hasta los tres cerditos o la ratita presumida.

Pues bien, según un reciente estudio realizado de forma conjunta por la Universidad de Toronto, la Universidad de Boston y la Universidad Internacional de la Florida este tipo de personajes humanizados pueden llegar a confundir a los niños, afectando a su comprensión del mundo natural y de los animales. Son conclusiones a las que se han llegado después de examinar una muestra de 75 niños de entre tres y cinco años de edad. Tras dividirlos en dos grupos, a uno de ellos se le leyeron historias que mostraban una visión realista de los animales y al otro relatos donde estos presentaban rasgos humanos. A continuación se les hizo una serie de preguntas y se comprobó que los niños que habían oído la versión con animales humanizados eran más propensos a dar respuestas incorrectas.

Svetlana Senchenok/Dreamstime.com

Disponible en: http://lapiedradesisifo.com/2014/10/23/seg%C3%BAn-un-estudio-las-historias-con-animales-humanizados-confunden-los-ni%C3%B1os/. Acceso en: 22 mayo 2019.

> **Género textual: reportaje**
> Es un género periodístico, más largo que la noticia, y tiene como propósito informar y entretener al lector. Busca explicar, de manera más profunda que la noticia, acontecimientos o asuntos de interés público con datos, imágenes, opiniones de especialistas etc.

a) ¿Cómo actúas con tu animal doméstico?

_____

b) ¿Conoces a alguien que haya humanizado a su animal?

_____

c) ¿Qué opinas de la humanización animal?

_____

CAPÍTULO 3

¡Lengua!

Objeto directo

El **objeto** o **complemento directo** es la persona, animal o cosa sobre la cual se ejerce la acción que expresa el verbo. Existen verbos que exigen obligatoriamente el uso del objeto directo para completar el significado de una frase. Esos verbos se llaman **transitivos**.

El objeto directo no lleva preposición para objetos inanimados, pero cuando se refiere a una persona (o un animal que queremos humanizar), generalmente va acompañado de la preposición **a**. Para saber cuál es el objeto directo en una oración se hace la siguiente pregunta:

¿Qué + verbo + sujeto?

Mira el ejemplo.

- Marta escribió un libro.

¿Qué escribió Marta?   Un libro (Este es el **objeto directo**)

Qué + verbo + sujeto

Pero, en algunos casos, la respuesta a esa pregunta puede ser ambigua. Entonces podemos transformar la oración en voz pasiva y convertir al objeto directo (del que no tenemos certeza) en el sujeto de la oración. Si eso es posible sin alterar el significado de la frase, entonces el sujeto de la nueva frase es el objeto directo. Ejemplo:

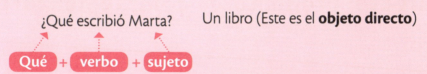

Marta escribió un libro.   Voz activa
Un libro fue escrito por Marta. Voz pasiva
Un libro   Este es el **objeto directo**

verbo

1 **Identifica el objeto directo en cada una de las siguientes frases.**

a) Úrsula compró una computadora nueva.
_____

b) Daniela abrazó a su prima.
_____

c) La policía capturó a los delincuentes.
_____

d) Compraremos un coche el próximo año.
_____

e) Juanita no llevó su mochila a la escuela hoy.
_____

f) Papá, quiero preparar unos pastelitos de maíz para la cena.
_____

g) Mis padres conocieron personas de varios países en sus viajes.
_____

Objeto directo: pronombres complementarios

Fíjate:
- A Ana **le** regalaron un perrito ovejero.
- Se **lo** regalaron en su cumpleaños.
- Quería mucho un perrito...

Mamá — Ya te **lo** dije varias veces y te **lo** repito: un animal doméstico exige muchos cuidados. Hay que bañar**lo**, alimentar**lo**, hacer**le** poner las vacunas, dar**le** todos los cuidados necesarios.

Los animales salvajes y los domésticos son muy diferentes. A los segundos se **los** deja convivir con las personas, a los salvajes hay que permitir**les** las mejores condiciones en su hábitat natural y permitir**les** vivir por sí mismos: ellos se las arreglan para encontrar su comida, vegetal o animal.

Existen oraciones donde queremos hablar repetidamente sobre el objeto directo. En esos casos, el objeto directo siempre puede ser sustituido por los pronombres (**lo**, **la**, **los**, **las**) para evitar repeticiones innecesarias.

Los pronombres de objeto directo son:

Lo (corresponde a una cosa, animal o persona en masculino singular)	**Los** (se refiere al masculino plural)
La (corresponde a una cosa, animal o persona en femenino singular)	**Las** (se refiere al femenino plural)

Mira los ejemplos:

- La policía buscó a dos delincuentes, **los** persiguió durante horas y **los** capturó cerca de la plaza central de la ciudad.
- Tengo una computadora muy completa. **La** compré por un buen precio y **la** utilizaré para hacer mi monografía final.
- Fueron a ver a los leoncitos. Fueron a ver**los** al zoológico.
- Gabriel vio un gato negro enorme. **Lo** vio encima del techo de su casa.

Como podemos observar, en todos los casos **los** pronombres sustituyen al objeto directo en las oraciones siguientes para evitar repeticiones. Generalmente los pronombres que sustituyen al objeto directo se colocan separados y antes del verbo de la próxima frase. Observa:

[…] **los** persiguió durante horas [...]

[…] **La** compré por un buen precio […]

- Conozco bien a tu primo. **Lo** conozco desde el primario en Córdoba.
- ¿Dónde estaban? No **los** vi en la reunión.

Pero existen tres tiempos verbales donde los pronombres que sustituyen al objeto directo van al final del verbo. Estos son: **infinitivo**, **gerundio** e **imperativo afirmativo**. Ejemplos:

Infinitivo	Luisa, aún no he actualizado el cronograma. Tranquila, tienes tiempo de **actualizarlo** hasta las ocho.
Gerundio	Carla, ¿hiciste la tarea? Estoy **haciéndola**, mamá.
Imperativo afirmativo	Nicolás, ¿guardaste los juguetes? Aún no, mamá, estoy jugando al videojuego. **Guárdalos** inmediatamente o apago el videojuego.

¡Practiquemos!

1 Utiliza el pronombre de objeto directo adecuado para evitar repeticiones en las siguientes frases. Subraya el objeto directo de las oraciones.

a) Anoche Ana llamó a Jorge. Llamó a Jorge porque quería conversar sobre un problema.

_____

b) Las chicas vieron a Juan y Pedro. Vieron a Juan y Pedro cuando salían del teatro.

_____

c) Rafael no presentó la prueba. Va a presentar la prueba la próxima semana.

_____

EL LEÍSMO

Es el uso impropio de **le(s)** en función de complemento directo, en lugar de **lo** (para el masculino singular o neutro), **los** (para el masculino plural) y **la(s)** (para el femenino), que son las formas a las que corresponde etimológicamente ejercer esa función.

Diccionario Panhispánico de Dudas de la Real Academia Española.
Disponible en: http://lema.rae.es/dpd/. Acceso en: 14 mayo 2019.

Ese fenómeno ocurre particularmente en España. Ejemplo:

• Carlos encontró a Raúl en el gimnasio.

En España dirían: "**Le** encontró en el gimnasio" en vez de "**Lo** encontró en el gimnasio", que sería la opción correcta, que es la más utilizada en Hispanoamérica.

 **¡Lengua!**

Objeto indirecto

Existen verbos transitivos que, además del **objeto directo**, requieren del **objeto indirecto** para completar el sentido de la frase. El objeto o complemento indirecto es el beneficiario o prejudicado por la acción del sujeto, es decir, sobre él recae **indirectamente** la acción del verbo. Generalmente es una persona y va precedido por la preposición **a**, pero, cuidado: cuando el objeto directo es una persona también va acompañado de la preposición **a**. Si el objeto admite actuar como sujeto en la oración pasiva, entonces hablamos de un **objeto directo**, si no lo admite o cambia el significado de la frase, hablamos de un **objeto indirecto**. Mira este ejemplo:

- Agustín entregó el cuaderno a la profesora.   Voz activa
- El cuaderno fue entregado por Agustín a la profesora.   Voz pasiva

La frase en voz pasiva tiene el mismo sentido de la frase en voz activa, entonces **el cuaderno** es el **objeto directo**. Observa otro ejemplo.

- La profesora fue entregada por Agustín. Voz pasiva

No tiene el mismo sentido, entonces, **la profesora** es el **objeto indirecto**.

Si en una frase hay dos objetos, uno precedido por la preposición **a** y otro que no, automáticamente podemos decir que el precedido por la preposición **a** es el **indirecto** y el otro es el **directo**. Ejemplo:

- Agustín entregó el cuaderno a la profesora.

Directo ····· Objeto sin "a"   Objeto con "a" ····· Indirecto

¡Practiquemos!

1 Identifica el objeto indirecto en las siguientes frases.

a) Entregó el regalo a su amigo _____.

b) Le dio muchos caramelos al niño _____.

c) Su hermano dirigió unas palabras a los asistentes _____.

d) Escribió a su abuelo dos cartas desde Madrid _____.

Objeto indirecto: pronombres complementarios

Al igual que el objeto directo, el objeto indirecto puede ser sustituido por un pronombre, dependiendo de la persona que corresponda:

Objeto indirecto	Pronombre	Objeto indirecto	Pronombre
yo	me	nosotros	nos
tú	te	vosotros	os
él/ella/usted	le, les(se)	ellos/ellas/ustedes	le, les(se)

99

Cuando en una frase tenemos dos pronombres complementos juntos, el pronombre de objeto indirecto va primero y después el de objeto directo. En esos casos, los pronombres de objeto indirecto **le** o **les** son sustituidos por **se**. Mira el ejemplo:

- Yo le conté un secreto a María. **Se** lo dije ayer.

Directo **Indirecto**

En español es común repetir el objeto indirecto en algunas frases para dar más información. Ejemplos:

- **Le** regalé ayer una muñeca **a Isabel**, la hija de mi cuñada. [...] **Se la** regalé ayer.
- **Le** envié una carta **a Luis**. **Se la** envié hoy.

 ¡Practiquemos!

 1 Completa los diálogos con LO, LA, LOS, LAS, LE, LES.

a) A: Necesito ver al Sr. Ortiz. Por favor, lláme _____ y díga _____ que se contacte conmigo con urgencia.

B: ¿Quiere que _____ pida a su secretario que _____ llame a Ud. más tarde?

A: Sí, por favor, díga _____ que es muy urgente.

b) A: Despidieron al gerente del banco.

B: ¿Y por qué _____ despidieron?

A: Porque hizo algo que no _____ agradó a los accionistas.

B: ¿Y qué _____ hizo?

c) A: Deja estas carpetas aquí. No _____ pongas sobre la mesa.
B: Bueno. ¿Algo más?
A: Sí, ¿los profesores ya recibieron las pruebas?

B: No, no se _____ entregué todavía. Tampoco _____ di las respuestas.

d) A: María y a Paquita _____ encantan las comidas mexicanas.

B: Sí, pero a ninguna _____ gusta la pimienta.

A: A mí _____ gustan mucho las empanadas argentinas.

B: ¿Y a ti no _____ gustan las de verdura?

A escuchar

1 Escucha la conversación y completa con los pronombres complementarios.

Regina: Mamá, ¿limpiaste la arena de la gatita Blanca?

Cristina: No, hija, _____ tienes que limpiar tú. Quedamos que lo harías todos los días, ¿no?

Regina: Bueno, _____ limpio ahora mismo. ¿Y ya le diste la ración?

Cristina: No, Reginita, quedamos también que se _____ darías tú, dos veces por día.

Regina: Hum... Me _____ había olvidado. Bien, no me _____ dejes de recordar mañana, ¿eh?

Cristina: De acuerdo, te _____ voy a anotar en este cartel enorme, acá en la heladera.

Regina: Buena idea, ¿por qué no _____ hiciste antes?

Cristina: Otra cosa, busca el control de las vacunas, está en el primer cajón del mueble de la computadora. Fíjate cuando _____ tenemos que vacunar de nuevo.

Regina: Aquí está. Déjame ver. Dice que es una vez al año y _____ vacunamos en octubre pasado. Falta todavía. Voy a poner un aviso en mi celular, ¿qué te parece?

Cristina: Buena idea.

Regina: Mamá, tengo una mala noticia, se acabó la arena...

Cristina: Puf, pero Regina, ¿ya no te dije que hay que controlar _____ siempre y comprar antes que se acabe? Salgamos a comprar_____ ahora mismo.

Regina: Prometo que haré un esfuerzo para acordarme. Vamos.

2 ¿Cuáles son las obligaciones de la niña en relación a la gatita?

_____

_____

CAPÍTULO 4

Atando cabos

DECLARACIÓN UNIVERSAL DE LOS DERECHOS DE LOS ANIMALES

Preámbulo
- Considerando que todo animal posee derechos.
- Considerando que el desconocimiento y el desprecio de dichos derechos ha conducido al hombre a cometer crímenes contra la naturaleza y contra los animales.
- Considerando que el reconocimiento por parte de la especie humana de los derechos a la existencia de las otras especies de animales constituye el fundamento de la coexistencia de las especies en el mundo. […]

Se proclama lo siguiente:

Artículo 1
Todos los animales nacen iguales ante la Vida y tienen los mismos derechos de existencia.

Artículo 2
a) Todo animal tiene derecho al respeto.
[…]
c) Todos los animales tienen derecho a la atención, a los cuidados y a la protección del hombre.

Artículo 3
Ningún animal será sometido a malos tratos ni actos de crueldad. Si es necesaria la muerte de un animal, ésta debe ser instantánea, indolora y no generadora de angustia.

Artículo 4
a) Todo animal perteneciente a una especie salvaje tiene derecho a vivir libremente en su propio ambiente natural, terrestre, aéreo o acuático, y a reproducirse.
b) Toda privación de libertad, incluso aquella que tenga fines educativos, es contraria a este derecho.
[…]

Sonya Etchison/Dreamstime.com

Artículo 6

a) Todo animal que el hombre ha escogido como compañero tiene derecho a que la duración de su vida sea conforme a su longevidad natural.
b) El abandono de un animal es un acto cruel y degradante.
[…]

Artículo 14

a) Los organismos de protección y salvaguarda de los animales deben estar representados a nivel gubernamental.
b) Los derechos del animal deben ser defendidos por la ley como lo son los derechos del hombre.
[…]

Disponible en: www.gepda.org/esp/derechos/derechosanimales.htm. Acceso en: 21 mayo 2019.

¡DESCUBRE MÁS!

El sitio siguiente presenta diez razones para amar a una mascota:

- https://www.salud180.com/salud-dia-dia/10-razones-para-amar-tu-mascota

¡DESCUBRE MÁS!

- *Colegas en el bosque*, 2006.

- *Peluda venganza*, 2010.

EN EQUIPO

1) ¿Qué leyes de protección animal hay en Brasil? Haz una investigación y compártela con tus compañeros.

_____
_____
_____
_____
_____
_____

AHORA TE TOCA A TI

1) Escribe los pronombres de complemento directo. Haz como en el ejemplo.

- Yo leo la carta a mi madre.
- Yo **la** leo a mi madre.

a) Usted compra un pan en la tienda.

_____

b) Yo escribo una carta.

_____

c) Tú miras la televisión en la tarde.

_____

d) Nosotros leemos los libros de español.

_____

e) María no comprende las palabras nuevas.

_____

2) Escribe los pronombres de complemento indirecto. Haz como en el ejemplo.

- Ellos abren la puerta a la señora.
- Ellos **le** abren la puerta.

a) Usted cose el pantalón (a mí).

_____

b) Juan está lavando las manos a su hermanita.

_____

c) Yo escribo una carta a mi padre.

_____

d) Él corta el pelo al niño.

_____

3) Señala el adverbio secuencial dentro de las oraciones que lo contengan.

a) Probablemente viajemos a Colombia.

b) El jarrón se encuentra encima de la mesa.

c) Anoche cenamos en un restaurante frente al río.

d) Quizás debamos resolver este problema.

e) Antes era distinto, ahora es más complicado.

f) La camilla está delante de la ventana.

g) Una mesa está lejos y la otra enfrente de la puerta.

h) No ha llegado aún.

i) El florero está fuera de su lugar.

j) Quiero que saltes deprisa.

k) Volví ayer después de unas largas vacaciones.

l) Lo hizo según se le ordenó.

m) ¡Habla claro!

n) Hablaremos después.

o) Estaré contigo enseguida, discúlpame por favor.

p) Hoy está nublado, igual que ayer.

q) Hablo contigo mientras preparo la cena.

r) Mañana será tarde.

(4) **Combina ambos objetos (directo e indirecto) si es necesario.**
a) Ellos cuentan la historia a mí.

_____

b) Yo quiero comprar un libro.

_____

c) Nosotros escribimos una carta a Carlos.

_____

d) Mi madre está comprando libros para nosotros.

_____

e) Yo miro a las chicas en el parque.

_____

UNIDAD 6
LAS DIFERENCIAS NOS HACEN ÚNICOS

||| EN ESTA UNIDAD |||

- Hablaremos de discriminación, *bullying*, prejuicios y racismo.
- Aprenderemos el imperativo de verbos regulares e irregulares.
- Hablaremos de valores éticos, sociales, cívicos y políticos.
- Hablaremos de *bullying* o acoso escolar.

1 Presta atención a las fotos. ¿Ellas representan una buena o mala convivencia entre los niños? Justifica tu respuesta.

_____
_____
_____

2 ¿Alguna vez has sido víctima de algún tipo de maltrato físico o emocional en la escuela? Discute con tu profesor y tus compañeros sobre este problema.

Actividad oral

||| ¡Prepárate! |||

1 ¿Has oído hablar sobre el *bullying*? ¿Sabes lo que es? ¿Fuiste víctima o conoces a alguien que sufrió *bullying*?

2 Después de escuchar los testimonios, responde lo que sigue.

"Algunos compañeros se burlan de mí, pero siempre a mis espaldas. Me comparan con un personaje de la televisión, y empiezan a repetir los ruidos que hace ese personaje. Es desesperante, ya no puedo más con esto; he intentado hacerme la indiferente con el tema, esperando que se aburrieran, pero no resultó. A veces me insultan y me tratan como si yo fuera la peor basura. Ya no sé qué hacer, ya no resisto a todo esto."

"Cuando trato mal a algún compañero me siento el centro de atención entre todos los de mi escuela. Me estoy volviendo bastante famoso, todos hablan de mí, incluso los profesores. Casi todas las semanas mis padres tienen que venir a la escuela a hablar con la coordinadora. Nadie tiene coraje de decirme nada que no me guste, porque saben que les voy a pegar."

Texto elaborado con fines didácticos.

Bullying es un conjunto de agresiones intencionales, verbales o físicas, repetitivas, de uno o más alumnos contra uno o más compañeros. El término *bullying* tiene origen en la palabra inglesa *bully*, que significa "peleador". Sin denominación en español, significa "amenaza, tiranía, opresión, intimidación, humillación y maltrato".

3 ¿Qué entendemos que pasa en los dos testimonios?

a) ¿Cuál de los dos niños sufre *bullying*? ¿Cuál practica *bullying*?

_____

b) ¿La palabra *bullying* tiene traducción al español?

_____

_____

c) ¿Qué quiere decir *bullying* actualmente?

_____

_____

_____

4 ¿Qué sentimientos te parece que tiene cada uno de los dos niños?

	Primer niño	Segundo niño
Inseguridad		
Maldad		
Soledad		
Miedo		
Rabia		
Amor		
Cariño		
Desesperación		
Tranquilidad		
Tristeza		
Alegría		

5 Discute con tus compañeros.

a) ¿Por qué te parece que los valores éticos y sociales son agredidos por quien practica *bullying*?

b) ¿Te parece divertido burlarte de los otros? ¿O prefieres ser solidario con los que sufren las burlas de los otros?

c) ¿Te parece que quien ataca a sus compañeros es una persona feliz?

1 Escribe en tu cuaderno sobre tu experiencia y/u opiniones acerca del *bullying* en las escuelas y tus ideas para combatirlo.

Soy ciudadano

Valores éticos

Se refieren a las normas o criterios individuales de conducta, y a cada uno de los sujetos humanos considerados de manera individual.

Valores sociales, cívicos y políticos

Son criterios para el comportamiento de los seres humanos en sociedad. Son principios fundamentales en las relaciones humanas y entre naciones, ligados a la dignidad de la persona humana.

Valores éticos	Valores políticos
Solidaridad	Justicia
Honestidad	Libertad
Verdad	Igualdad
Lealtad	Ciudadanía
Bondad	Imparcialidad

 1 ¿Te gustaría que la gente siempre te tratara bien? Empieza por ti ese cambio en el mundo. ¿Qué tal usar estas reglas de cambio?

¿Llegaste?	Saluda	¿No te gusta algo?	Respeta al que le gusta
¿Te vas?	Despídete	¿Amas a alguien?	Demuéstralo
¿Te hicieron un favor?	Agradece	¿No vas a ayudar?	No molestes al que ayuda
¿Prometiste algo?	Cumple	¿Rompiste algo?	Arréglalo
¿Ofendiste a alguien?	Pide disculpas	¿Pediste prestado?	Devuelve
¿No entendiste algo?	Pregunta	¿Te hablaron?	Contesta
¿Posees algo?	Compártelo	¿Prendiste una luz?	Apágala
¿No posees?	No envidies	¿Abriste algo?	Ciérralo
¿Ensuciaste algo?	Límpialo	¿Compraste?	Paga

¿Te gustaría que los otros te tratasen así? Entonces, compórtate así con los otros.

La solidaridad es el amor en movimiento. Es algo contagioso. ¡Contagia y déjate contagiar!
Aprende a:

- convivir con la diferencia;
- decidir en grupo;
- valorar el saber social.
- comunicar;
- cuidar la salud;
- interactuar;
- cuidar el ambiente;

Wasteresley Lima

110

Imperativo

Fíjate:

- **Aprende** a convivir con la diferencia.
- **No molestes** a quien ayuda.

Usos

Se usa para **dar órdenes** o **para rogar**, **hacer un pedido** u **ofrecer un consejo**.

El presente de imperativo es el único tiempo de ese modo. Las órdenes solo pueden expresarse cuando el emisor y el receptor participan del mismo tiempo presente. Por eso, siempre hace referencia a un tiempo actual, ya que no es posible dar órdenes en un tiempo pasado o futuro.

Conjugación

Como su contenido es dirigido hacia otra persona, solo puede usarse en la **segunda** y **tercera persona del singular** (**tú**, **usted/él**) y **del plural** (**vosotros**, **ustedes/ellos**).

A veces también se aplica a la **primera persona del plural** (**nosotros**) porque involucra a otros además del propio hablante.

Imperativo negativo

El imperativo negativo en español coincide en su forma con el presente de subjuntivo. Observa:

Presente de subjuntivo

hablar	comer	partir
que (yo) hable	que (yo) coma	que (yo) parta
que (tú) hables	que (tú) comas	que (tú) partas
que (él/ella/usted) hable	que (él/ella/usted) coma	que (él) parta
que (nosotros) hablemos	que (nosotros) comamos	que (nosotros) partamos
que (vosotros) habléis	que (vosotros) comáis	que (vosotros) partáis
que (ellos/ellas/ustedes) hablen	que (ellos/ellas/ustedes) coman	que (ellos) partan

Imperativo negativo

	hablar	comer	partir
Tú	no hables	no comas	no partas
Usted	no hable	no coma	no parta
Nosotros	no hablemos	no comamos	no partamos
Vosotros	no habléis	no comáis	no partáis
Ustedes	no hablen	no coman	no partan

Imperativo afirmativo

En el caso del imperativo afirmativo, utilizamos varios tiempos verbales para formarlo, dependiendo de la persona:

Tú	Usamos la misma conjugación de la tercera persona del singular (**él**, **ella** o **usted**) en presente de indicativo.
Vosotros	Tomamos el verbo en infinitivo y sustituimos la **R** al final del verbo por una **D**.
Usted/ustedes/nosotros	Usamos la misma conjugación del presente de subjuntivo.

Observa la conjugación de los verbos seguintes:

	hablar	comer	partir
Tú	habla	come	parte
Usted	hable	coma	parta
Nosotros	hablemos	comamos	partamos
Vosotros	hablad	comed	partid
Ustedes	hablen	coman	partan

Existen algunos casos donde el imperativo es completamente irregular. Ejemplo:

Decir	di (tú)
Hacer	haz (tú)
Ir	ve (tú)
Poner	pon (tú)
Salir	sal (tú)
Tener	ten (tú)

¡Practiquemos!

1 ¿Es imperativo o no? Señala las frases que están en el modo imperativo.

a) ○ Vístete rápido, estamos atrasados.
b) ○ Vamos al cine siempre.
c) ○ Limpien bien el piso, por favor.
d) ○ Jamás vuelve tarde a casa.
e) ○ Díganme la verdad.
f) ○ Ellas guardaron los bolígrafos.
g) ○ Apúrate, se nos hizo tarde.
h) ○ Nos vestimos con ropas claras.
i) ○ Guardemos todos los cuadernos.
j) ○ No me apuro porque hay tiempo.

2 Lee el texto y realiza las actividades.

¿QUÉ SON LOS DERECHOS HUMANOS A LA NO-DISCRIMINACIÓN?

Cada hombre, mujer y niño tiene el derecho a estar libre de discriminación basada en género, raza, etnia, orientación sexual u otra condición; así como a otros derechos humanos fundamentales que dependen de la realización plena de los derechos humanos para la protección de la discriminación. Estos derechos se encuentram establecidos en la Declaración Universal de los Derechos Humanos, los Pactos Internacionales, la Convención Internacional de los Derechos del Niño y otros tratados y declaraciones internacionales [...]

Los Derechos humanos en cuestión:

[...]
- El derecho a la no distinción, exclusión, restricción o preferencia por motivos de género, raza, color, origen nacional o étnico, religión, opinión política u otra, edad, o cualquier otra condición que tenga el propósito de afectar o deteriorar el goce completo de los derechos y libertades fundamentales.
- El derecho a la igualdad entre hombre y mujer tanto en la familia como en la sociedad.
- El derecho a la igualdad entre niño y niña en todas las áreas: educación, salud, nutrición y empleo.
- El derecho de todas las personas para ser libres de todo tipo de discriminación en todas las áreas y niveles de educación y acceso igualitario a una educación continua y capacitación vocacional.
- El derecho al trabajo y a recibir salarios que contribuyan a un estándar adecuado de vida.
- El derecho a una remuneración igualitaria en el trabajo.
- El derecho a un estándar alto y accesible de salud para todos.
- El derecho de crecer en un ambiente seguro y saludable.
- El derecho a participar en la toma de decisiones y políticas que afecten a su comunidad a nível local, nacional e internacional.

Disponible en: www.pdhre.org/rights/discrimination-sp.html. Acceso en: 16 mayo 2019.

 a) Con la ayuda de un diccionario bilíngüe, escribe en tu cuaderno la definición de las palabras a continuación.

- Discriminación
- Etnia
- Integración
- Cohibir

CAPÍTULO 3

A escuchar

1 Escucha lo que dicen los niños y completa los textos.

a) Yo me llamo Laura. Soy _____ del Síndrome de Down.

Me gusta ir a la escuela. Tengo muchos _____ y por eso me siento bien allá. Llevo una vida normal como la de cualquier otro niño de mi edad.

b) Mi nombre es Alfredo. Soy muy _____. Me gusta leer, pero mis padres dicen que yo paso mucho tiempo leyendo y que no uso el tiempo con actividades al aire libre. Eso a veces me causa _____ en la escuela también. No me parecen tan divertidos los _____ y tengo _____ de que me quiebren los anteojos. A veces me siento triste porque no respetan mis gustos.

c) Soy Ana. Las personas dicen que soy muy _____. A mí me encanta estudiar y por eso saco muy buenas _____ en todas las disciplinas. A veces no me aceptan en algunos _____ de trabajo porque dicen que las atenciones serán todas para mí, y eso me pone muy _____.

d) Me llamo _____. Lo que más me encanta es ayudar. Siempre que hay un alumno _____, le presento la escuela y algunos amigos. Participo de todas las actividades extras de mi _____ y, por la tarde, siempre ayudo a mi padre en la oficina. Me encanta _____ en todo.

2 ¿Y tú? ¿Cómo te llevas con tus amigos de la escuela? ¿Qué es lo que más te gusta hacer? ¿Tienes algún miedo o temor? Discute con tus compañeros sobre estos temas.

PARA AYUDARTE

Nada que ver

Español		Portugués
Prejuicio	X	Preconceito
Pérdida o perjuicio	X	Prejuízo

Prejuicio
- **1.** m. Acción y efecto de prejuzgar.
- **2.** m. Opinión previa y tenaz, por lo general desfavorable, acerca de algo que se conoce mal.

Disponible en: http://lema.rae.es/drae/?val=prejuicio. Acceso en: 16 mayo 2019.

 3 Vamos a conocer otras formas de prejuicio, ahora contra los animales.

¿SABÍAS QUE MUCHAS PERSONAS DEL HEMISFERIO OCCIDENTAL...

... creen que los gatos negros son un símbolo de mala suerte? La superstición dice que ocurrirán cosas malas si un gato negro cruza en tu camino. Es una creencia muy antigua, de la época en la que los gatos negros comenzaron a asociarse con la "brujería". Ser una "bruja" era algo horrible en una época en que las personas tenían miedo hasta de su propia sombra. Lo interesante es que en otras partes del mundo, los gatos negros son un símbolo de buena suerte. Estas historias y supersticiones, que cambian de significado, no son solo hechos curiosos. También son importantes para entender mejor las distintas reacciones de la gente ante la misma cosa.

Mauricio de Sousa. *La pandilla de Mónica n. 27*. São Paulo: Panini, 2012.

a) ¿Qué opinas sobre eso?
b) ¿Qué otras historias prejuiciosas conoces?

Género textual: Tira cómica

Es un género textual formado por texto verbal y no verbal (dibujos, símbolos y colores), cuya progresión temporal se organiza cuadro a cuadro. Publicado generalmente en periódicos, revistas y libros, tiene como objetivo principal entretener al lector.

¡A jugar!

1. ¿Qué tipo de persona eres tú? Vamos a hacer un test para descubrirlo. No olvides que tienes que ser muy sincero.

a) ¿Te divierte hablar de los otros?
   ○ Sí   ○ No

b) ¿Guardas los secretos de los otros?
   ○ Sí   ○ No

c) ¿Conversas en Internet o al teléfono con tus amigos?
   ○ Sí   ○ No

d) ¿Tus amigos te buscan para contarte sus problemas?
   ○ Sí   ○ No

e) ¿Sientes celos o rabia cuando un amigo se divierte o le va bien en la escuela?
   ○ Sí   ○ No

f) ¿Te gusta dar consejos u opiniones?
   ○ Sí   ○ No

g) ¿Te enojas con tus amigos?
   ○ Sí   ○ No

h) ¿Te molestan las personas muy diferentes?
   ○ Sí   ○ No

i) ¿Quieres controlarlo todo y mandar a todos?
   ○ Sí   ○ No

j) ¿Sabes ayudar a amigos a mejorarles el ánimo?
   ○ Sí   ○ No

k) ¿Tienes opiniones que a los otros no les gusta y las usas para provocar a tus compañeros?
   ○ Sí   ○ No

l) ¿Te fijas demasiado en los defectos de los otros?
   ○ Sí   ○ No

m) ¿Te divierte hacer reír a tus amigos?
   ○ Sí   ○ No

n) ¿Defiendes siempre a tus amigos cuando lo necesitan?
   ○ Sí   ○ No

o) ¿Vives perdiendo amigos?
   ○ Sí   ○ No

De 7 a 15 puntos: eres una buena compañía. Eres voluntarioso y cooperativo. Serás siempre muy feliz con tus amistades.

De 0 a 6 puntos: es ideal que revises algunas actitudes. Cambia y mejora la relación con tus amigos y compañeros. Te sentirás mejor.

Puntuación:

a) Sí = 0, No = 1	b) Sí = 1, No = 0	c) Sí = 1, No = 0
d) Sí = 1, No = 0	e) Sí = 0, No = 1	f) Sí = 1, No = 0
g) Sí = 0, No = 1	h) Sí = 0, No = 1	i) Sí = 0, No = 1
j) Sí = 1, No = 0	k) Sí = 0, No = 1	l) Sí = 0, No = 1
m) Sí = 1, No = 0	n) Sí = 1, No = 0	o) Sí = 0, No = 1

Elaborado con fines didácticos.

La palabra del experto

BULLYING: ACOSO ESCOLAR

[…]
Definición
[…] Literalmente, del inglés, "bully" significa matón o agresor. En este sentido se trataría de conductas que tienen que ver con la intimidación, tiranización, aislamiento, amenaza, insultos sobre una víctima o víctimas señaladas. […]

La palabra "bullying" se utiliza para describir estos diversos tipos de comportamientos no deseados por niños y adolescentes, que abarcan desde esas bromas pesadas, el ignorar o dejar deliberadamente de hacer caso a alguien, los ataques personales, e incluso los abusos serios. A veces es un individuo quien hace el "bullying", o un grupo (pandilla). Lo más importante no es la acción en sí misma, sino los efectos que produce entre sus víctimas.

[…] Por acciones negativas entendemos tanto las cometidas verbalmente o mediante contacto físico, como las psicológicas de exclusión. […]

Tipos de *bullying*
Podemos hablar de distintos tipos de acoso escolar; con frecuencia aparecen varios tipos de forma simultánea.
- **Físico:** empujones, patadas, agresiones con objetos, etc. Se da con más frecuencia en Primaria que en Secundaria.
- **Verbal:** es el más habitual. Insultos y motes principalmente, también menosprecios en público, resaltar defectos físicos.
- **Psicológico:** minan la autoestima del individuo y fomentan su sensación de temor.
- **Social:** pretende aislar al joven del resto del grupo y compañeros.

[…]

Tipos de víctimas y agresores
Podemos establecer dos clases, tanto de víctimas como de agresores, con características diferentes, a saber:

1) Agresor:
- **Activo:** se relaciona directamente con la víctima. Es decir, arremete personalmente.
- **Indirecto o pasivo:** dirige o induce, a veces en la sombra, a sus seguidores para que realicen actos de violencia con sus víctimas.

2) Víctimas:
- **Activa y provocativa:** suelen ser alumnos que tienen problemas de concentración y tienden a comportarse de forma irritante a su alrededor. Esto le sirve al agresor como forma de excusar su comportamiento.
- **Pasiva:** la más frecuente. Son inseguros. Se muestran callados ante la agresión. Lo que es interpretado por el agresor como desprecio, al no responder al ataque ni al insulto.

¿Pero qué sucede realmente cuando se dan las agresiones? ¿Siempre está solo el agresor o agresores y la víctima? La realidad es que la agresión y el acoso generalmente se dan con espectadores. Con chicos alrededor porque para los agresores tener público es muy importante. El agresor quiere que la gente vea lo que está haciendo y que tiene poder sobre su víctima. Esto ocurre generalmente porque el agresor desea tener reputación de ser rudo o fuerte o porque cree que eso le hará ser más popular.

[...]

Algunos consejos prácticos que los chicos espectadores deben saber:
[...]
- Si sientes que no puedes decir nada, vete del sitio y díselo al adulto más cercano.

[...]
- Si el acosado no quiere hablar con nadie, ofrécele hablar con alguien en su nombre.

[...]

Algunos consejos de urgencia para las víctimas:
- Ignora al agresor, como si no lo oyeras, ni siquiera lo mires.

[...]
- Responde al agresor con tranquilidad y firmeza. Di, por ejemplo: "¡No!" "Eso es lo que tú piensas".

[...]
- Si eres una víctima permanente de los agresores, lo más importante que tienes que hacer es hablar con un adulto.

[...]

Isabel Menéndez Benavente es licenciada en Psicología por la Universidad Autónoma de Madrid. Es titulada superior en Sofrología. Publicó diversos artículos en *Psicothema*, *Revista de Psiquiatría Infantil-Juvenil* y en los sitios psicologoinfantil.com y psiquiatria.com.

 ¡DESCUBRE MÁS!

Los sitios siguientes presentan consejos para las víctimas del *bullying*.
- http://www.universia.es/consejos-victimas-bullying/bullying/at/1121981
- http://www.contraelbullying.com/10-consejos-para-ninos-y-adolescentes-victimas-del-bullying/

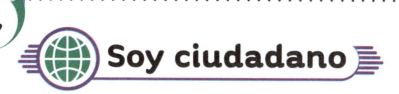

CAPÍTULO 4 — Soy ciudadano

Disponible en: https://www.isabelmenendez.com/escuela/bullying.pdf. Acceso en: 16 mayo 2019.

LUCHA CONTRA LA VIOLENCIA Y EL ACOSO EN EL ENTORNO ESCOLAR: LA LABOR DE LA UNESCO

[...]
1) De acuerdo con el informe de la UNESCO titulado *Violencia y acoso en la escuela: informe sobre la situación mundial*, publicado el 17 de enero de 2017, el acoso y la violencia en la escuela constituyen una violación de los derechos de los niños y los adolescentes, entre ellos los derechos a la educación y a la salud. La violencia y el acoso en la escuela tienen repercusiones negativas en el rendimiento escolar, la salud física y mental y el bienestar emocional de los alumnos que son víctimas de estos abusos.
[...]
5) El acoso es un comportamiento deliberado y agresivo recurrente, que se caracteriza por un desequilibrio de poder real o aparente, ante el cual la víctima se siente vulnerable e incapaz de defenderse. El acoso puede ser físico, verbal o social.
[...]
6) Otro tipo de acoso más difícil de identificar es el acoso en línea o ciberacoso, ante el cual el riesgo y el sufrimiento adquieren una nueva dimensión aún más peligrosa.
7) Los trabajos realizados sobre el fenómeno de la violencia y el acoso en el entorno escolar muestran que las consecuencias de los actos violentos en los niños pueden variar en función de su naturaleza y de su gravedad, pero, muy a menudo, sus repercusiones a corto y largo plazo son graves y perjudiciales.
8) En el plano personal, la violencia y el acoso pueden provocar en el niño una mayor predisposición a padecer problemas sociales, emocionales y cognitivos. Asimismo, pueden llevarlo a adoptar comportamientos peligrosos y de riesgo.
[...]
11) El objetivo de la labor de la UNESCO en lo que respecta a la lucha contra la violencia y el acoso en el entorno escolar es garantizar a todos los niños y adolescentes contextos de aprendizaje seguros e inclusivos. Para alcanzar este objetivo, la Organización ha publicado informes y ha convocado una serie de reuniones y coloquios internacionales con el propósito de alentar a los docentes, responsables políticos, profesionales y especialistas de los sectores de la educación y la salud, entre otros, a tomar medidas basadas en datos empíricos.
[...]

Disponible en: https://unesdoc.unesco.org/ark:/48223/pf0000247999_spa. Acceso en: 15 mayo 2019.

1) ¿Qué crees que se deba hacer para disminuir la incidencia del *bullying* en la sociedad actual? ¿En tu escuela has visto casos de *bullying*? ¿Has sufrido algún caso de agresión física o verbal en tu escuela? Discute sobre este tema con tus compañeros. Tu profesor guiará la discusión.

Actividad oral

2) Junto con tus compañeros, crea en tu cuaderno algún proyecto que tenga como objetivo acabar o disminuir notablemente el *bullying* en las escuelas.

Actividad oral

AHORA TE TOCA A TI

1) Completa con los verbos en imperativo.

a) (Leer, tú) _____ el siguiente poema de Neruda.

b) (Aumentar, tú) _____ un poco el volumen de la tele, por favor.

c) (Recoger, vosotros) _____ vuestros libros que nos vamos.

d) (Conjugar, vosotros) _____ los verbos en pasado simple.

e) (Señalar, tú) _____ la respuesta más correcta.

2) Gabriel va a quedarse a dormir un fin de semana en casa de su amigo Alfonso. Lee las indicaciones que le da Amalia, su madre, antes de salir de casa. Completa los espacios en blanco conjugando los verbos en imperativo, que puede ser afirmativo o negativo.

a) No te _____ (levantarse) tarde ningún día, _____ (recordar) que estás yendo a una casa de familia.

b) _____ (respetar) a los adultos de la casa. _____ (hacer) todo lo que ellos te digan.

c) _____ (pelear) con Alfonso. Si tienen alguna diferencia, _____ (discutirla / ustedes) conversando.

d) _____ (conversar) amablemente con todos los miembros de la familia, _____ (ser) educado y _____ (decir) siempre "por favor" y "gracias".

e) Al momento de regresar a casa, _____ (despedirse) educadamente y _____ (agradecer) por el tratamiento recibido durante el fin de semana.

3) Ordena las siguientes frases y conjuga los verbos en imperativo.

a) tarea / antes / de / llegue / (terminar / tú) / la / que / profesor / el

_____

b) exposición / piso / tercer / el / en / (visitar / usted) / nuestra

_____

c) abrigo / (ponerse / ustedes) / está / frío / mucho / haciendo / el / que

_____

d) tan /(comer / vosotros) / no / rápido / indigestión / una / tener / (poder / vosotros)

_____

e) (ir / nosotros) / cine / hoy / fantástico / día / el / al / está

_____

 4 Observa la siguiente receta y complétala con la forma correcta del imperativo para la segunda persona del singular (tú).

MOUSSE DE TORONJA

Ingredientes
- 2 tazas de crema para batir.
- 1 taza de jugo de toronja.
- 1 toronja, cortada en supremas.
- ¾ de taza de azúcar.
- 2 sobres de grenetina, hidratada en ¼ de taza de agua fría y fundida a baño María.

Preparación

1) Licúa la crema con el jugo de toronja, las supremas y el azúcar, _____ (agregar) poco a poco la grenetina previamente hidratada y fundida para evitar que se formen grumos.

2) Vierte a un molde previamente engrasado y _____ (refrigerar) por 2 horas o hasta que esté firme.

3) _____ (desmoldar) y _____ (ofrecer).
[...]

Disponible en: http://www.chefanapaula.com.mx/recetas/dulce/i/2185/MOUSSE_DE_TORONJA.html. Acceso en: 21 mayo 2019.

> **Toronja**
> La toronja o pomelo es la fruta del árbol del pomelo llamado pomelero o toronjo. Fue vista por primera vez en la Isla de Barbados y se piensa que es un híbrido natural entre la naranja y la pampelmusa (o pomelo), una fruta cítrica asiática.

¡NO TE OLVIDES!

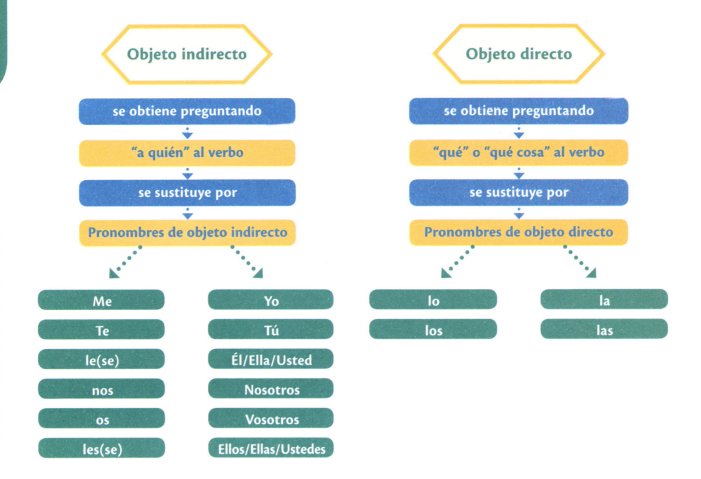

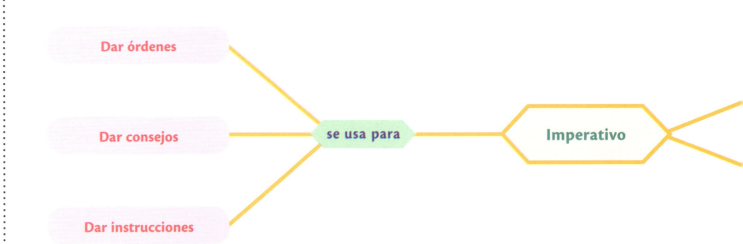

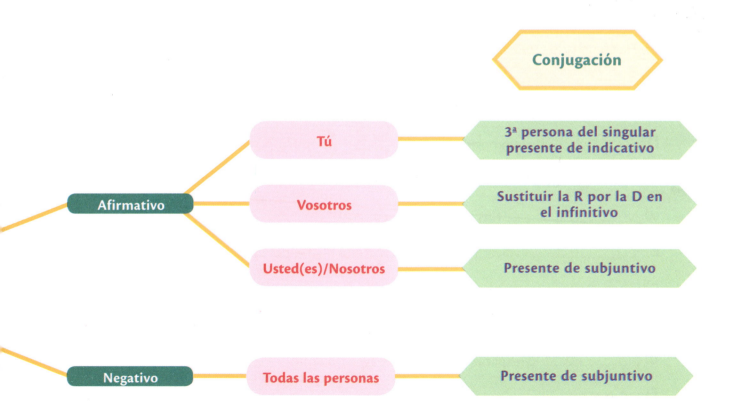

REPASO

1) Sustituye los sustantivos que sirven como objeto directo e indirecto con sus respectivos pronombres. Conjuga los verbos en presente de indicativo.

a) yo / enviar / la carta / a Juan

_____

b) usted / entregar / el auto / a la chica

_____

c) vosotros / ofrecer / bebidas / a los invitados

_____

2) Une las frases. Coloca la letra, en la segunda columna, que corresponde a la pregunta que está en la primera.

a) ¿Te he dicho que María ha vuelto?   ◯ Sí, nos la han dado.

b) ¿Tienes el último disco de "Ketama"?   ◯ No, no las he escuchado.

c) ¿Os han dado la factura?   ◯ Sí, se lo han comprado.

d) ¿Ha escuchado usted las noticias?   ◯ No, no me lo ha pedido.

e) ¿Luis te ha pedido el teléfono de Marta?   ◯ Sí, sí lo tengo.

f) ¿Tus hermanos se han comprado un coche?   ◯ No, no me lo has dicho.

3) Completa las siguientes oraciones conjugando los verbos en imperativo.

a) ¡No _____ (insultar, tú) a tu hermana!

b) _____ (volver, tú) más temprano esta noche, por favor.

c) Si bebes, no _____ (conducir, tú).

d) No _____ (dejar, vosotros) todo desparramado cuando acabéis de jugar.

e) _____ (explicar, tú) qué hiciste ayer a la tarde.

f) No me _____ (hablar, usted) en ese tono.

g) No _____ (ensuciar, ustedes) los espacios públicos.

Exame Nacional do Ensino Médio – Caderno Cinza (ENEM/2011)

ES POSIBLE REDUCIR LA BASURA

En México se producen más de 10 millones de m³ de basura al mes, depositados en más de 50 mil tiraderos de basura legales y clandestinos, que afectan de manera directa nuestra calidad de vida, pues nuestros recursos naturales son utilizados desproporcionalmente, como materias primas que luego tiramos, convirtiéndolos en materiales inútiles y focos de infección.

Todo aquello que compramos y consumimos tiene una relación directa con lo que tiramos. Consumiendo racionalmente, evitando el derroche y usando solo lo indispensable, diretamente colaboramos con el cuidado del ambiente.

Si la basura se compone de varios desperdicios y si como desperdicios no fueron basura, si los separamos adecuadamente, podremos controlarlos y evitar posteriores problemas.

Reciclar se traduce en importantes ahorros de energía, ahorro de agua potable, ahorro de materias primas, menos impacto en los ecosistemas y sus recursos naturales y ahorro de tiempo, dinero y esfuerzo.

Es necesario saber para empezar a actuar…

Disponível em: http://www.tododecarton.com. Acesso em: 27 abr. 2010 (adaptado).

1. A partir do que se afirma no último parágrafo: "Es necesario saber para empezar a actuar...", pode-se constatar que o texto foi escrito com a intenção de

a) informar o leitor a respeito da importância da reciclagem para a conservação do meio ambiente.

b) indicar os cuidados que se deve ter para não consumir alimentos que podem ser focos de infecção.

c) denunciar o quanto o consumismo é nocivo, pois é o gerador dos dejetos produzidos no México.

d) ensinar como economizar tempo, dinheiro e esforço a partir dos 50 mil depósitos de lixo legalizados.

e) alertar a população mexicana para os perigos causados pelos consumidores de matéria-prima reciclável.

UNIDAD 7
¡QUE NO TE PEGUE EL DENGUE!

EL DENGUE

Mosquito *Aedes aegypti*

Consultar un médico.

PREVENCIÓN Y CONTROL

Utilizar ropa que proteja frente a las picaduras, como pantalones largos y camisas de manga larga.

Utilizar repelentes en la piel.

Tapar los recipientes que tengan agua.

Evitar el acúmulo de agua.

Usar inseticidas en las áreas con proliferación de mosquitos.

TRATAMIENTOS

Guardar reposo en cama.

Tomar mucha agua.

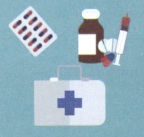

Para la fiebre se puede tomar paracetamol (acetaminofén). Nunca tomar aspirina (ácido acetilsalicílico), pues puede aumentar el riesgo de hemorragias.

||| EN ESTA UNIDAD |||

- Aprenderemos las perífrasis **tener que** y **hay que** (+ infinitivo).
- Hablaremos sobre el dengue.
- Practicaremos los sustantivos heterogenéricos.
- Comentaremos sobre la importancia de mantener el medio ambiente sano para evitar enfermedades.

1 ¿Sabes qué es el dengue?

_____

2 ¿Cuáles son los síntomas de esa enfermedad?

_____

3 ¿Cómo podemos contraer dengue?

_____
_____

4 ¿Qué podemos hacer para evitarlo?

_____
_____
_____

SÍNTOMAS

Dolores musculares intensas.

Dolores en el cuello y en el fondo de los ojos.

Manchas rojas por el cuerpo.

Dolor de estómago.

Fiebre alta.

¡Prepárate!

1 Agustina no se siente bien. Vamos a ver qué es lo que siente y qué le dice el enfermero de la escuela.

En el aula de clases

Agustina: Profesora, no me siento bien. ¿Puedo ir a la enfermería?

Profesora: Sí. Por favor, Jorge, acompáñala que no parece nada bien.

Jorge: Ven, te acompaño.

En la enfermería

Enfermero: ¡Uy, qué carita! ¿Qué te pasa?

Agustina: Parece que tengo fiebre.

Enfermero: Vamos a medir la temperatura. ¿Y qué más sientes?

Agustina: Hace dos días que siento muchos dolores musculares en todo el cuerpo. También me duele muchísimo la cabeza y detrás de los ojos.

Enfermero: ¿Y, por qué viniste a la escuela tan mal?

Agustina: No estaba tan mal, y tenía que entregar un trabajo; pero ahora me siento mucho peor.

Enfermero: ¿A quién debo llamar? ¿A tu padre o a tu madre? Es importante que vayas a un hospital. Estos son síntomas importantes ¡y puede ser dengue!

Agustina: Llámele al celular a mi madre. Mi padre no está en la ciudad hoy.

Jorge: ¿El dengue es contagioso?

Enfermero: No te preocupes, no es contagioso.

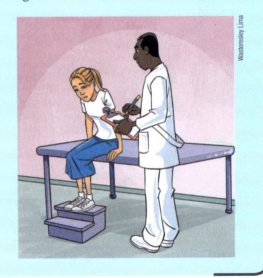

a) ¿Dónde está Agustina cuando se siente mal? ¿Qué siente Agustina?

___

b) ¿Qué dice el enfermero acerca de estos síntomas?

___

2 Piensa cuántas veces escuchastes hablar sobre el dengue. Seguramente ya viste carteles, llamadas en la televisión o incluso recibiste la visita de un agente de salud en tu casa. Vamos a ver qué dicen estas personas en este cartel contra el dengue y después haz lo que se te pide.

Género textual: cartel

Es un material gráfico que mezcla imagen y texto, y que tiene la función de transmitir un mensaje, informativo o publicitario, a las personas. Generalmente es colocado en locales con gran circulación de personas y tiene un tamaño que permite su visualización desde una determinada distancia.

- Ahora, completa los espacios vacíos del texto siguiente con los verbos de la caja. Hay una letra inicial en cada espacio para ayudarte.

cambiar	usar	evitar	dejar
pensar	poner	mantener	vaciar

TODOS JUNTOS CONTRA EL DENGUE

Síntomas del dengue clásico

- Escalofríos
- Fatiga
- Fiebre elevada
- Dolores intensos de cabeza
- Dolor atrás de los ojos
- Dolor muscular y en zona lumbar
- Sensación de dolor en los huesos
- Erupciones en la piel
- Dolor de estómago continuo e intenso
- Pérdida de sangre (hemorragias)
- Deshidratación

> En caso de infección, se recomienda no tomar aspirinas, sino paracetamol. La aspirina es anticoagulante y puede empeorar las hemorragias.

Eliminar o p_____ boca abajo envases y recipientes sin uso que pueden acumular agua: baldes, barriles, botellas y otros.

E_____ que se acumule agua en las plantas y m_____ secos los platos de las macetas.

M_____ destapados los desagües de lluvia de los techos.

V_____ el agua de gomas acumuladas. Después se las puede pinchar o cubrir.

P_____ en todos los lugares donde puede haber agua estancada y secarlos.

No d_____ que se acumule basura.

Organizar con los vecinos y autoridades la fumigación de espacios comunes.

C_____ el agua de los floreros cada 3 días o tratar de u_____ arena o geles en lugar de agua.

El dengue es una enfermedad viral transmitida por el *Aedes aegypti*, un mosquito pequeño, negro con rayas blancas en las patas y el cuerpo. No nace infectado: debe picar a una persona con dengue para infectarse y, así, transmitir la infección.

Deja sus huevos en cualquier recipiente que pueda acumular agua en nuestro domicilio. Por eso es importante eliminar toda fuente de agua estancada.

Así podremos romper su ciclo reproductivo y detener la epidemia.

Ante cualquiera de estos síntomas, ir de inmediato al centro de salud más cercano.

3) En tu opinión, ¿cuáles son las cosas más importantes que HAY QUE hacer para combatir el dengue? Sigue el ejemplo.

a) **Hay que** fijarse que los tanques de agua estén bien cerrados.

b) Hay que _____

c) Hay que _____

d) Hay que _____

4) También podemos expresar la misma idea usando la expresión TENER QUE. Reescribe las frases usando TENER QUE en lugar de HAY QUE.

a) Pedro **tiene que** fijarse que los tanques de agua estén bien cerrados.

b) _____

c) _____

d) _____

¡Lengua!

Las perífrasis verbales Tener que y Hay que + infinitivo

Fíjate:

- **Tienes que** comer todas las verduras.
- **Hay que** comer más verduras.

Se usa para dar consejos o recomendaciones. Vamos a ver otros ejemplos.

- Jorge **tiene que** leer el periódico de hoy.
- **Hay que** leer más libros y diarios.
- Ellos **tienen que** comprar una revista.
- **Hay que** leer otras revistas para la prueba.
- **Tenemos que** estudiar mucho.
- **Hay que** estudiar mucho para ese examen.
- **Tengo que** tomar un taxi.
- No es fácil aprender historia. **Tienes que** investigar mucho.
- **Hay que** ir siempre a la biblioteca y buscar nuevos libros.

 **¡Practiquemos!**

1) Completa con las siguientes palabras los espacios que faltan en refranes comunes en español.

| mezclar | ahorcado | para creer | aprender |
| la ternura | ganas | cazado | amor |

a) **Hay que** ver _____.

b) No **hay que** hablar de soga en casa del _____.

c) Para _____ **hay que** sufrir.

d) No **hay que** vender la piel del oso antes de haberlo _____.

e) No **hay que** _____ churras con merinas.

2) Une las columnas para formar las frases. Antes, completa los espacios de las frases de la primera columna con los verbos del cuadro.

| copiar | hacer | leer | traducir |
| escuchar | llegar | expresarse | corregir |

a) Hay que descubrir los errores y _____ ○ bien las instrucciones en el libro.

b) Hay que _____ ○ la monografía con todo el grupo.

c) Hay que _____ ○ correctamente los datos y pasarlos al cuaderno.

d) Hay que _____ ○ atentamente el CD.

e) Hay que _____ ○ el vocabulario del inglés al portugués.

f) Hay que _____ ○ el trabajo.

g) Hay que _____ ○ a tiempo.

h) Hay que _____ ○ solo en español.

¡Practiquemos!

1 Completa las siguientes recomendaciones.

a) El gerente a la secretaria: _____ (tener que/usted) digitar más rápido.

b) El maestro a los estudiantes: ustedes: _____ (necesitar) estudiar más para entender la materia.

c) Los policías a los acusados: _____ (tener que/ustedes) trabajar durante un mes para pagar los problemas causados.

PARA AYUDARTE

Nada que ver

Español	Portugués
¡El dengue sigue haciendo víctimas en toda la Argentina! (**dengue** es una palabra masculina)	A dengue é um dos maiores problemas durante o verão no Brasil. (**dengue** es una palabra femenina)

Los heterogenéricos

Los heterogenéricos son sustantivos que cambian de género de un idioma para el otro, es decir, tienen un género en portugués y otro en español.

a. Sustantivos que son masculinos en español y femeninos en portugués:

Español	Portugués
el árbol	a árvore
el color	a cor
el cuchillo	a faca
el desorden	a desordem
el dolor	a dor
el equipo	a equipe
el puente	a ponte
el vals	a valsa

Y también algunos grupos de palabras:

Español	Portugués
el lunes, el martes, el miércoles, el jueves, el viernes	a segunda-feira, a terça-feira, a quarta-feira, a quinta-feira, a sexta-feira
el manzano (y otros árboles fructíferos)	a macieira
el mensaje (y otras palabras terminadas en -AJE)	a mensagem

b. Sustantivos que son femeninos en español y masculinos en portugués:

Español	Portugués
la a, la be, la ce (nombre de letras)	o a, o bê, o cê
la aspiradora de polvo	o aspirador de pó
la computadora	o computador
la estufa	o aquecedor (de ambiente)
la leche	o leite
la licuadora	o liquidificador
la miel	o mel

¡Practiquemos!

1 Para cada una de las situaciones descriptas más abajo, escribe la solución.

a) Agua acumulada en el platillo.

_____

_____

b) Neumáticos que acumulan el agua.

_____

c) Baldes de boca arriba.

_____

d) Tanque del agua.

_____

_____

134

2 Usa las palabras del cuadro combinadas con los artículos correctos y completa las oraciones.

baraja	contestador	personaje	licuadora
batería	capital	guía	sangre	dolor

a) _____ automático de mi casa está roto.

b) Con _____ podemos jugar muchos juegos.

c) Mi padre no puede ver _____ que se desmaya.

d) _____ es un electrodoméstico muy práctico y ampliamente usado.

e) Siento _____ de cabeza muy fuerte, necesito ir a un médico.

3 Encuentra seis palabras en la sopa de letras y completa el diálogo que sigue.

K	O	D	E	S	O	R	D	E	N	G	E	L	H	D	S	V	L	G
M	I	G	H	L	O	P	I	N	M	W	Q	S	N	J	H	A	P	L
C	A	P	E	L	I	C	U	L	A	R	U	C	O	H	L	L	B	T
B	E	N	B	A	I	G	H	O	I	A	I	T	I	D	H	S	A	B
L	I	T	N	Z	N	N	S	R	E	P	P	Z	C	R	Y	E	E	Q
A	R	B	O	L	E	S	I	T	G	U	O	A	A	N	I	M	U	L
C	E	U	D	T	N	A	N	I	A	E	A	L	R	D	G	A	S	I
W	S	A	C	G	W	E	R	T	Y	N	P	R	O	D	A	R	E	C
A	R	T	H	E	F	A	R	I	R	T	B	K	D	I	U	O	L	U
K	I	M	J	T	E	W	E	O	D	E	G	U	I	L	R	G	S	A

Jorge y Regina fueron al cine a ver una película antigua, *Mary Poppins*. Pero fueron separados y cada uno de ellos comenta sus opiniones sobre lo que vieron.

Regina: Lo que le da el color al pueblito de la _____ es el

_____ y los _____ altos, ¿no?

Jorge: Sí, pero no me gustó el _____ de actores.

Regina: Mi abuelo dice que fue a ver el estreno de la película hace muchos años, y que le

pareció que era todo un gran _____.

Jorge: Pero sí me gustó mucho el baile de los deshollinadores en ritmo de _____.

CAPÍTULO 3

A escuchar

1) La Dirección Municipal de Salud envía técnicos a las casas para revisar sus condiciones como prevención del dengue. Vamos a acompañar una visita y averiguar qué está bien en esta casa visitada.

Marca si cada una de las condiciones está bien o mal, y en caso de que esté mal, cuál es la medida indicada por el técnico.

a) ◯ bien   ◯ mal
Medida:
_____

b) ◯ bien   ◯ mal
Medida:
_____

c) ◯ bien   ◯ mal
Medida:
_____

d) ◯ bien   ◯ mal
Medida:
_____

2) ¿Cuáles son los problemas que se encuentran en la casa? Escucha el dialogo nuevamente y marca las opciones correctas.

a) ◯ Hay agua acumulada en el platillo del florero.

b) ◯ Los baldes están de boca arriba con agua.

c) ◯ Los neumáticos acumulan el agua.

d) ◯ El tanque del agua está sin tapa.

3) Averigua qué otras enfermedades transmite el mosquito del dengue.

_____

_____

4 ¿Y cómo estará Agustina? Vamos a ver qué le dijo el médico en el hospital.
La coordinadora de la escuela llama a la casa para saber acerca de la salud de Agustina.

Coordinadora: Hola, habla Maricarmen de la escuela. ¿Está la madre de Agustina?
Madre: Hola, soy Ana, la madre, ¿qué tal?
Coordinadora: Bien, estamos preocupados con Agustina. ¿Fue al hospital?
Madre: Pues sí, desafortunadamente es dengue. Se hizo los análisis y salió positivo.
Coordinadora: ¿Está internada?
Madre: No. Por suerte es el tipo más sencillo de la enfermedad y no es necesaria la internación. Solo tiene que reposar e ingerir mucho líquido.
Coordinadora: Bueno, mándele un cariño de mi parte, y voy a pedir a algunos compañeros que la visiten y le lleven las tareas.
Madre: Muchas gracias por llamar. Muy amable.
Coordinadora: De nada. Hasta luego.

a) Investiga los síntomas y el tratamiento para el dengue y escríbelos en el cuadro.

Síntomas	Tratamientos

b) Ahora formen grupos o pares representando pacientes y médicos. Pongan en escena conversaciones en las cuales pregunten sobre los síntomas e indiquen los tratamientos posibles.

– Bien doctor, entonces fue diagnosticado dengue, ¿no?

– Sí, desgraciadamente es así.

– ¿Y cuál es el tratamiento, doctor?

– Bueno, no hay tratamiento para el dengue. Para tratar los síntomas del dengue – la fiebre y los dolores –, se puede tomar paracetamol, beber abundantes líquidos y guardar reposo.

CAPÍTULO 4

 Soy ciudadano

¿EN QUÉ MEDIDA UN AMBIENTE MÁS SANO PUEDE CONTRIBUIR A EVITAR ENFERMEDADES?

Esta es la pregunta en torno a la cual se sitúan los esfuerzos que venimos realizando a nivel mundial para combatir las causas básicas de los problemas de salud mediante estrategias de prevención más eficaces, en las que utilizamos todas las políticas, intervenciones y tecnologías de nuestro arsenal de conocimientos.
En anteriores estudios de la Organización Mundial de la Salud se examinó la carga de morbilidad atribuible a los riesgos ambientales más importantes a nivel mundial y regional, y se estimó el número de fallecidos y enfermos por causa de factores como el uso de agua insalubre y un saneamiento deficiente, o la contaminación del aire en locales cerrados y del aire exterior.
[…]
En sus conclusiones se pone de manifiesto que el medio ambiente es una plataforma para la buena salud que todos compartimos.
Si actuamos juntos sobre la base de políticas sanitarias, medioambientales y de desarrollo coordinadas, podremos reforzar esa plataforma y abrir nuevas posibilidades para mejorar el bienestar general y la calidad de vida de las personas.
Las inversiones coordinadas pueden promover la puesta en marcha de estrategias de desarrollo más costo eficaces que redunden en múltiples beneficios sociales y económicos, además de conducir a mejoras de la salud en todo el mundo, tanto inmediatas como a largo plazo […], a lograr los Objetivos de Desarrollo del Milenio y a conseguir una mejor salud para todos.
1. Erradicar la pobreza extrema y el hambre.
2. Lograr la enseñanza primaria universal.
3. Promover la igualdad de género y la potenciación de la mujer.
4. Reducir la mortalidad en la niñez.
5. Mejorar la salud materna.
6. Combatir el vih/sida, el paludismo y otras enfermedades.
7. Garantizar la sostenibilidad del medio ambiente.
8. Establecer una alianza mundial para el desarrollo.

Disponible en: www.who.int/quantifying_ehimpacts/publications/prevdisexecsumsp.pdf. Acceso en: 20 mayo 2019.

 ¡DESCUBRE MÁS!

¿En qué medida un ambiente más sano puede contribuir a evitar enfermedades? Los sitios web indicados ahora amplían las informaciones sobre el tema de las condiciones de aseo y limpieza como un fator de disminución de las enfermedades.

- https://ncdalliance.org/es/news-events/news/prevenir-enfermedades-a-trav%C3%A9s-de-ambientes-saludables. Acceso en: 26 mayo.

- https://www.who.int/quantifying_ehimpacts/publications/prevdisexecsumsp.pdf. Acceso en: 26 mayo 2019.

AHORA TE TOCA A TI

1 Completa con los artículos para definir el género de los sustantivos.

a) ____ árbol.

b) ____ miel.

c) ____ percha.

d) ____ cumbre.

e) ____ gafas.

f) ____ crema.

g) ____ carruaje.

h) ____ pétalo.

i) ____ análisis.

j) ____ sal.

k) ____ cráter.

l) ____ dolor.

m) ____ sangre.

n) ____ humo.

o) ____ risa.

- Ahora elige tres sustantivos heterogenéricos y escribe en tu cuaderno una oración para cada uno.

2 Usa TIENES QUE + INFINITIVO para dar instrucciones.

a) Para ahorrar

_____

b) Para ponerse feliz por la mañana

_____

c) Para ser una persona elegante

_____

3 Usa HAY QUE + INFINITIVO para dar instrucciones.

a) Para tener una buena forma física

_____

b) Para ser un buen cocinero

_____

c) Para aprender bien una lengua

_____

UNIDAD 8
¡ME ENCANTA SER BRASILEÑO!

||| EN ESTA UNIDAD |||

- Conoceremos el pretérito perfecto compuesto de indicativo.
- Aprenderemos los adverbios de afirmación.
- Hablaremos de los adverbios de duda.
- Practicaremos los adverbios de negación.
- Hablaremos sobre el concepto de patria.

 ¿Por cuáles grupos étnicos está compuesta la población brasileña?

_____
_____
_____

 ¿Te gusta ser brasileño? ¿Qué te motiva a pensar así?

_____
_____
_____

¡Prepárate!

1 ¿Te gusta haber nacido en Brasil? ¿Y a tus padres? Vamos a ver la clase de historia que tienen estos niños sobre ese tema.

Profesora: Niños, ¿qué es el patriotismo?

Gabriel: Patriotismo, según dicen mi mamá y el abuelo, es estar orgulloso del país en que nacemos y vivimos, de su pueblo, sus costumbres y tradiciones.

Mariana: Ser patriota es ayudar al progreso del pueblo, del país.

Julio: Sí, y, también, la persona tiene que reconocer lo que su patria le ha dado y lo que le dio a sus padres, abuelos y bisabuelos.

Profesora: Para eso es necesario conocer la historia de la familia y del país, ¿no?

Gabriel: Mi papá es inmigrante, y siempre dice que, cuando una persona se va de la patria donde nació, deja un pedazo del corazón, pero adopta otras costumbres, otro idioma, y aprende a amar a otros pueblos.

Profesora: Por eso es bueno saber que muchos de nuestros antepasados han venido muy pobres de Europa, o fueron capturados como esclavos en África, o eran indios brasileños que perdieron sus tierras y sus costumbres.

El sentimiento patriótico se forma desde niño, y poco a poco se extiende, amando nuestro barrio y la ciudad, el estado y la nación. Pero este sentimiento nace de la preocupación por el bien común, sobre todo con los que más lo necesitan.

El espíritu solidario con las personas con carencias o conflictos es un modo de solidaridad, como las ayudas cuando hay desastres naturales. Es ver con el corazón la realidad de los otros.

Conocer y conservar las buenas tradiciones de nuestro país nos permite conocer y entender mejor su historia.

Ser patriota no es decir "soy brasileño" cuando hay un partido de fútbol. Es participar en la vida cívica de la escuela, en el barrio y la comunidad.

Aprovechar las ocasiones de la vida cotidiana para ejercer la aceptación y valorar la diversidad. Nunca dejar de cumplir y hacer cumplir el respeto como forma de convivencia.

a) ¿De qué disciplina es la clase? ¿Y cuál es el tema tratado?

b) ¿De dónde vinieron los antepasados de los brasileños?

c) Escribe en tu cuaderno los valores patriotas mencionados en la clase.

Pretérito perfecto compuesto

Fíjate:

- **Hemos creado** nuestras propias costumbres y tradiciones.
- Brasil **ha desarrollado** características que lo identifican, como los símbolos patrios.
- Hay que reconocer lo que la patria le **ha dado** a nuestros padres.
- Nuestros antepasados **han venido** muy pobres de Europa.

El pretérito perfecto compuesto de indicativo se usa para hablar de acciones o de situaciones ocurridas en un tiempo pasado que llega hasta el presente. Generalmente nos informa sobre lo ocurrido en el día de hoy (esta tarde, esta mañana), esta semana, este mes, este año o últimamente. Ejemplo:

- Esta semana no **ha llovido** tanto.

Se utiliza el pretérito perfecto compuesto también para referirse a experiencias pasadas sin definir exactamente cuándo ellas ocurrieron. Relata lo que pasó hasta el momento actual. Ejemplo:

- **Hemos visitado** todos los museos de la ciudad.

También puede ser utilizado para hablar de acciones o de situaciones pasadas inmediatas. Siempre se completa con expresiones como: **hace un rato**, **hace un momento**, **hace poco**. Ejemplo:

- **He visto** a María hace un rato.

Observación:

En la mayoría de los países de Hispanoamérica se usa el pretérito perfecto simple o indefinido con más frecuencia que el pretérito perfecto compuesto, que es más usado en España.

Fíjate:

España	América
He recibido mi diploma en noviembre pasado.	**Recibí** mi diploma en noviembre pasado.

El pretérito perfecto compuesto se forma como sigue:

Verbo **haber** conjugado en presente de indicativo + verbo en participio. Ejemplo:

- Yo he visitado a mi madre todos los domingos.

Los participios se forman como sigue:

a) participios regulares:

- se cambia la terminación **AR** por la terminación **ADO** (hablar/hablado).
- se cambia la terminación **ER** e **IR** por la terminación **IDO** (leer/leído y salir/salido).

b) participios irregulares:

• se forman con la terminación **to** y **cho**. Observa:

Infinitivo	Participio
abrir	abierto
absolver	absuelto
cubrir (encubrir y recubrir)	cubierto
decir	dicho
escribir (describir, inscribir, reescribir, suscribir, transcribir)	escrito
hacer (rehacer, deshacer)	hecho
freír	frito
morir	muerto
poner (deponer, imponer, reponer, transponer)	puesto
romper	roto
ver (rever, prever)	visto
volver (revolver)	vuelto

Ejemplos:

• Yo **he hablado** en la despedida.

• Tú **has leído** mis cuadernos.

• Él/Ella/Usted **ha salido** de paseo.

• Nosotros **hemos puesto** los candados.

• Vosotros **habéis visto** las notas.

• Ellos/Ellas/Ustedes **han vuelto** a visitarnos.

En el caso de los verbos pronominales, el pronombre generalmente va antes de la estructura del verbo **haber + verbo de acción**. Ejemplos:

• Julieta me **ha traído** mi chaqueta.

• Valentina nos **ha venido** a visitar tres veces esta semana.

• Os **habéis comido** un pollo entero.

¡Practiquemos!

1 Completa utilizando el pretérito perfecto compuesto.

a) _____ (levantarse) a las 7 y media, _____ (darse) un baño y después _____ (desayunar) café con leche y frutas.

b) Mi abuelo _____ (leer) su diario y _____ (ver) el noticiero de la mañana. Cuando _____ (terminar) de descansar, _____ (llevarse) a los chicos a la plaza.

c) Tus padres _____ (decirme) que nunca _____ (llegar) tan tarde a la clase como hoy.

d) Hoy mi madre _____ (despertar) temprano a mis hermanos menores, _____ (lavarles) la cara, los _____ (vestir) y _____ (enojarse) mucho con ellos porque era muy tarde y no se apuraban.

e) Tus profesores _____ (comentarme) que siempre _____ (empezar) tus tareas atrasado.

2 Completa los huecos para que las frases estén en el pretérito perfecto compuesto. Usa el verbo HABER.

• "_____ (leer) y aceptado a Homero, Platón, Aristóteles, Descartes, Spinoza, Hume, Kant, Freud y Nietzsche. Pero, al final, me _____ (sentir) vacío. _____ (descubrir) que no soy lo que _____ (querer) ser."

3 ¿Qué has estudiado de la historia brasileña que te haga sentir orgullo? ¿Y qué cosas te hacen sentir vergüenza?

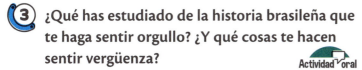

CAPÍTULO 2

A escuchar

1 Escucha la entrevista con un cantor que estuvo en varios países para divulgar su nuevo disco.

Locutor: ¡Buenos días! Sean todos bienvenidos a nuestro programa "Íntimamente con…". Hoy tenemos como invitado al cantor Germán Araque, quien nos contará un poco más sobre su vida.

Locutor: Germán, bienvenido a nuestro programa. Sabemos que has estado de gira por varios países. ¿Cuántos países has visitado?

Germán: Gracias por la invitación, Felipe. Sí, ciertamente, he estado de gira los últimos tres meses. En ese tiempo he visitado México, Costa Rica, Panamá, Colombia, Venezuela, Perú, Chile, Uruguay y Argentina. Ha sido una gira bastante productiva.

Locutor: Y, ¿Cómo te ha tratado el público en esos países?

Germán: Todos han sido muy receptivos, muy calurosos, el público latinoamericano es fantástico, incluso, en Panamá, hasta me han dado una sorpresa, llevaron a mi madre, que tenía meses sin verla, hasta allá.

Locutor: ¡Vaya! Una sorpresa más que agradable. A propósito de eso, ¿cuántas veces has visitado a tu familia este año?

Germán: Oye, sinceramente, solamente dos veces, pero es que he tenido muchos compromisos, no solo con la gira, sino también en España. Entonces, la verdad es que no he tenido más tiempo.

Locutor: Germán, un millón de gracias por haber tomado un poquito de tu tiempo para conversar con nosotros.

Germán: Gracias a ustedes por la invitación y un abrazo enorme a todos mis fans. Probablemente estaré de regreso el año que viene con otra gira promocionando mi nuevo disco.

• Subraya todos los verbos donde se utiliza el pretérito perfecto compuesto.

2 Responde V para verdadero o F para falso, según corresponda.

a) ◯ Germán visitó algunos países de Europa y Latinoamérica para su gira.

b) ◯ Germán ha estado de gira durante 3 meses.

c) ◯ Germán no tuvo muy buena recepción del público en algunos países.

d) ◯ En Panamá le han dado una sorpresa a Germán, llevando a su madre.

e) ◯ Germán no ha podido visitar a su familia tanto como le gustaría por falta de tiempo.

f) ◯ Esta fue la última gira de Germán ya que se ha retirado del mundo artístico.

Adverbios de afirmación, de duda y de negación

Fíjate:

- **Ciertamente** ella quisiera haber salido acompañada aquella noche.

Adverbios de afirmación: Son aquellos que permiten responder afirmativamente a una pregunta.

Español	Portugués
ciertamente	certamente
cierto	certo, verdade
claro	claro
exacto	exato
indudablemente	indubitavelmente
obvio	óbvio
realmente	realmente
sí	sim
también	também

Adverbios de duda: Son aquellos que expresan inseguridad sobre algo que puede ocurrir.

Español	Portugués
acaso	por acaso
posiblemente	possivelmente
probablemente	provavelmente
quizá, quizás	quiçá
tal vez	tal vez

Adverbios de negación: Son aquellos que indican la negación de una información o de algo que no pasó o no pasará.

Español	Portugués
apenas (casi no)	quase não
no	não
nunca	nunca
jamás	jamais
tampoco	tampouco

CAPÍTULO 3

¡A jugar!

1 ¿Tienes buena memoria? Haz el test y descúbrelo.

La memoria es la capacidad mental para registrar, almacenar y recuperar información

Resuelve el cuestionario siguiente y suma los puntos que se indican por cada respuesta correcta. Al final, encontrarás una tabla de resultados para realizar tu autoevaluación.

1. Repite luego de una sola lectura las siguientes palabras: (valor: 6 puntos – 1 punto por cada palabra)
   MANZANA, PERRO, MANO, NARANJA, OREJA, GATO.

2. Repite luego de una sola lectura los siguientes datos: (valor: 3 puntos – 1 punto por cada línea)
   JUAN SEGOVIA
   AVENIDA JUÁREZ 2160
   México, D.F., C.P. 12040

3. Repite luego de una sola lectura los datos de la siguiente fecha: (valor: 3 puntos – 1 punto por cada línea)
   Día: 17 Mes: JULIO Año: 2016.

4. ¿Cómo se llama el gobernador de tu estado? (valor: 1 punto)

5. Di los números telefónicos de al menos tres compañeros. (valor: 3 puntos – 1 punto por cada uno)

6. Habla los nombres de al menos dos cantantes, dos escritores y dos deportistas famosos. (valor: 3 puntos – medio punto por cada nombre)

7. Di los nombres de los tres presidentes de la República más recientes. (valor: 3 puntos – 1 punto por cada nombre)

8. ¿Recuerdas correctamente dónde dejas tus objetos personales? (valor: 1 punto)

9. Habla al menos cuatro de las seis palabras que leíste en la pregunta número 1. (valor: 4 puntos – 1 punto por cada palabra)

10. Di el nombre y la dirección que leíste en la pregunta número 2. (valor: 3 puntos – 1 punto por cada línea)

Interpretación

27 a 30 puntos .... Memoria dentro del promedio.
26 a 22 puntos .... Necesitas mejorar tu memoria.
Menos de 21 puntos .... Probablemente requieras evaluación profesional.

Texto elaborado con fines didácticos.

CAPÍTULO 4

Atando cabos

BRASIL CELEBRA UNA DE LAS MAYORES FIESTAS DEPORTIVAS INDÍGENAS DEL MUNDO

Rita Barreto

[...]
Brasilia. El "huka-huka" o lucha cuerpo a cuerpo, la natación a río traviesa, el arco y flecha o una suerte de fútbol que se juega solo con la cabeza son algunas de las disciplinas de los Juegos de Pueblos Indígenas [...].

Brasil acogerá [...] los Juegos Olímpicos en Río de Janeiro en 2016, pero también celebra regularmente estos juegos, una de las mayores competiciones de nativos del mundo, en un país donde habitan unos 800.000 indígenas (0,4% de la población), según autoridades gubernamentales.

[...]

La prueba reina es el "huka-huka" o lucha cuerpo a cuerpo, que a diferencia de la olímpica no tiene jueces y termina cuando uno de los oponentes tumba o levanta del suelo a su adversario. [...] También está el "xikunahity", una especie de fútbol que se practica solo con la cabeza. Los equipos de ocho jugadores se distribuyen en una cancha de tierra, y deben evitar que la pelota de látex toque el suelo sin emplear otra parte del cuerpo. [...]

"En estos juegos no hay un pueblo campeón porque todos celebran. No hay una tabla de posiciones. Los vencedores reciben una medalla elaborada por un artista indígena con un material de la selva", explicó a la AFP Marcos Terena, director del comité organizador.

[...] También se practica el tiro con arco y flecha, las carreras de velocidad y el "cabo de guerra", una prueba de fuerza en que dos equipos se halan entre sí tratando de arrastrarse hacia una línea trazada en el suelo.

Una de las disciplinas que despierta más entusiasmo es la "carrera con tora", un tronco hueco de gran tamaño que es llevado por los atletas de un punto a otro.

[...]

Los indígenas que tomarán parte de esta décimo primera edición de los juegos están concentrados en "ocas", una suerte de villa olímpica donde se entrenan bajo la misma disciplina de unos juegos profesionales, sin consumir bebidas alcohólicas o brebajes que aumenten el rendimiento físico, afirmó Terena.

Cuando terminen las pruebas "ningún pueblo se proclamará vencedor, todos danzarán", agregó.

Disponible en: https://mvsnoticias.com/noticias/deportes/brasil-celebra-una-de-las-mayores-fiestas-deportivas-indigenas-del-mundo-838/. Acceso en: 19 mayo 2019.

EN EQUIPO

1 ¿Tienes algún antepasado indígena? ¿Qué conoces de la vida indígena en la actualidad? Haz una investigación acerca de la vida indígena actual en Brasil y escríbela en tu cuaderno. Después cuéntale a tus compañeros algo interesante que descubras. No te olvides de investigar el nombre del grupo indígena y su localidad.

Cultura en acción

El ritmo caribeño y sudamericano

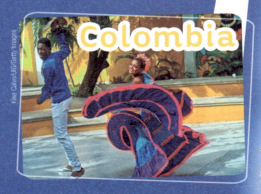

Trópico de Cáncer

OCÉANO PACÍFICO

República Dominicana

Ecuador

Colombia

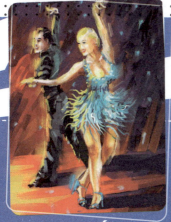

Cuba

OCÉANO ATLÁNTICO

Puerto Rico

Venezuela

0 — 440 km
1 cm = 440 km

AHORA TE TOCA A TI

1 Conjuga los verbos de la caja en pretérito perfecto compuesto para completar las frases.

| estar | ver | ir | llegar |
| hablar | hacer | prometer |

a) Este año no _____ mucho frío.

b) Todavía ellos no _____ y tenemos que irnos porque ya es tarde.

c) Hoy, yo _____ con un amigo en la parada de autobús.

d) Este año _____ estudiar, pero solo _____ a fiestas.

e) Julián _____ en España varias veces.

f) ¿Vosotros _____ a Pamela esta semana?

g) ¿Todavía no _____ los deberes de matemáticas?

h) Nosotras _____ la mesa hoy, mañana les toca a Uds.

i) La noche pasada no _____ ni una hora.

2 ¿Por qué ha pasado esto? Escoge el motivo correcto para cada situación y conjuga el verbo en pretérito perfecto compuesto cuando sea necesario.

a) ¡Oh, no! ¿Por qué la cocina está tan sucia?

b) ¿Por qué no has ido a clase esta semana?

c) ¿Por qué se han tardado tanto para arreglarse?

d) Papá, ¿por qué la abuela no ha llegado todavía?

e) Mamá, ¿por qué tengo tanta dificultad con esta tarea de matemáticas?

○ Porque _____ (estar) muy enfermo estas dos semanas.

○ Porque _____ (maquillarse) más de lo habitual.

○ Porque no _____ (salir) de su chequeo médico.

○ Porque no _____ (estudiar) lo suficiente.

○ Porque mi hermanito _____ (intentar) preparar una torta.

3 **Completa con la forma correcta del verbo HABER en presente de indicativo.**

a) Nosotros todavía no _____ recibido respuesta de la compañía telefónica.

b) Yo _____ ido cuatro veces a Irlanda. Ahora quiero ir a Francia.

c) Hoy las chicas _____ comido pescado.

d) ¿_____ buscado los resultados de vuestros exámenes?

e) Yo creo que tú no _____ intentado todo lo posible para salir de ese lío.

f) Desde niño _____ en Catamarca.

g) Ana siempre _____ la mimada de todos.

4 **Complete el diálogo con los adverbios que mejor se adapten a la frase. Puede haber varias opciones para cada frase.**

A: Sabes que, para ser electo alcalde de la ciudad, debes tener conocimientos de gerencia pública, ¿no?

B: ¡_____! No he estudiado en la universidad sobre eso, pero todos los días

converso en la calle con las personas, que me hablan de sus ideas y soluciones.

A: _____ el diálogo con la población es fundamental,

pero, ¿_____ crees que tendrás el apoyo de la población sabiendo que el

otro candidato tiene un doctorado en políticas públicas?

B: _____ las personas prefieran a un candidato más cercano a ellos, que se

siente a conversar con ellos y los entienda.

A: ¿_____ has conversado con el otro candidato? Para ver si tienen algún

punto en común.

B: ¡_____! Él se cree tan erudito que dice que no recibe a políticos como yo

en su despacho.

A: _____ eso forma parte de su campaña.

B: Sí. _____ sea parte de su estrategia.

¡NO TE OLVIDES!

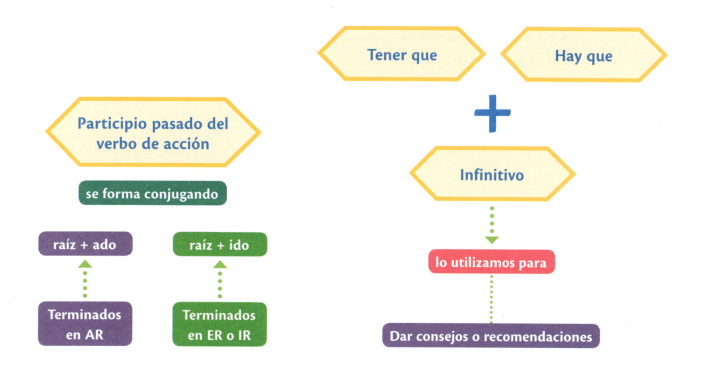

REPASO

1) En español, como en portugués, existen varios tipos de adverbios: de lugar, de modo, tiempo etc. Y hay algunos que modifican el verbo afirmando, negando o estableciendo dudas sobre su acción. Fíjate cuál es el que mejor se adecua a la pregunta formulada y completa la respuesta.

> **Adverbios de afirmación:** ciertamente, sí, seguramente, claro.
> **Adverbios de negación:** jamás, nunca, tampoco, no.
> **Adverbios de duda:** acaso, quizá(s), probablemente, tal vez, posiblemente.

a) ¿Irán al cumpleaños esta noche?

_____ que iremos.

b) ¿Siempre estudias a la noche?

No, _____ estudio a la noche.

c) ¿Vendrás a la fiesta mañana?

_____ venga ___ No sé...

2) Reescribe en tu cuaderno las siguientes frases en la persona indicada.

a) Nosotros hemos vivido momentos terribles este año. (yo)

b) Daniel ha visitado a su abuelo tres veces esta semana. (Claudia y Daniel)

c) Yo he volado en parapente dos veces en la vida. (vosotros)

3) Escribe preguntas para las siguientes oraciones.

a) _____

No, nunca he podido.

b) _____

Sí, claro, ella me lo ha dicho.

c) _____

Sí, ya hemos ido dos veces.

Fundação Edson Queiroz/Universidade de Fortaleza

(2012 – 1º semestre)

Contesta las preguntas 1 y 2 de acuerdo con el texto [...].

 1 La viñeta demuestra que Gaturro se siente:

a) contento con las preguntas de su dueño.

b) nervioso por no saber contestar a las preguntas.

c) seguro con la respuesta que ofrece.

d) indeciso sobre su identidad.

e) satisfecho con la comprensión de su dueño.

2 Las preguntas que hace el dueño de Gaturro indican que el gato:

a) siempre se comporta muy bien.

b) vive con sus dueños.

c) está prohibido de entrar en la casa.

d) causa enormes perjuicios a su dueño.

e) come bastante.

Disponible en: www.unifor.br/images/pdfs/vestibular2012.1_provageral.pdf. Acceso en: nov. 2013.

GLOSARIO

a

Acosar: perseguir, assediar.
Adinerado: endinheirado.
Adobe: massa de barro utilizada na construção de paredes e muros.
Aguacate: abacate.
Ahorro: poupança.
Aislar: isolar, afastar.
Ají: pimenta; pimentão.
Almacenar: armazenar.
Alrededor: ao redor, em torno.
Aparato: aparelho; aparato.
Arena: areia; lugar de combate; terreno para corridas de touros.
Arreglar: arrumar; combinar; consertar.
Arriesgar: arriscar.
Aseo: asseio, limpeza; banheiro.
Ataúd: ataúde, caixão.

b

Baraja: baralho; gama de possibilidades; briga.
Basura: lixo.
Berro: agrião.
Bizco: vesgo, estrábico.
Brebaje: beberagem.
Broma: brincadeira, chacota; mingau de aveia.
Bulto: vulto; volume; inchaço; busto, estátua; fardo; travesseiro.

c

Caballo: cavalo.
Cajón: gaveta; caixão.
Calabacín: abobrinha.
Calabaza: abóbora.
Calificación: qualificação; classificação.
Callejero: relativo à rua.
Campamento: acampamento.
Canoso: grisalho.
Carpeta: pasta.
Cartel: cartaz; pequena rede de pesca; organização, convênio.
Castillo: castelo.
Céntrico: central.
Chaqueta: jaqueta, casaco.
Ciberacoso: assédio cibernético.
Códice: livro anterior à invenção da imprensa.
Cohete: foguete.
Cojo: coxo; manco.
Col: couve.
Compás: compasso.
Computadora: computador.
Conceptualización: conceituação.
Consejo: conselho, recomendação; assembleia.
Contenido: conteúdo; substância.
Cráter: cratera.
Crimen: crime, delito.
Cuaderno: caderno.
Cuartel: quartel.
Cuchillo: faca.
Cuerdo: sensato, prudente.

d

Débil: débil, fraco, debilitado.
Deflorestación: desmatamento.
Derecho: direito, reto; legítimo; razoável; direto; justiça; privilégio; direita.
Derrochar: desperdiçar, dissipar.
Despacio: devagar.
Desplegar: desdobrar, desenrolar; esclarecer.
Desprecio: desprezo, desdém.
Discriminación: discriminação, separação; discernimento.
Drogadicción: vício em drogas.
Duda: dúvida, incerteza.
Durazno: pêssego; pessegueiro.

e

Elegir: eleger, escolher.
Embotellamiento: congestionamento.
Empezar: começar.
Empleo: emprego; ato de empregar; ofício.
Encuestadora: pesquisadora.
Enojado: irritado; aborrecido.
Ensuciar: sujar, emporcalhar.
Esclavitud: escravidão.
Espalda: costas.
Estándar: padrão.
Estropear: estropiar; estragar; frustrar.

f

Flaco: magro; fraco.
Flujo: fluxo, movimento, vazão.
Fresa: morango.

g

Gimnasio: academia; ginásio de esportes.
Granada: romã.

h

Hembra: fêmea.
Herramienta: ferramenta.
Hincha: torcedor, fã.
Huella: pegada; vestígio, sinal.
Humanización: ato ou efeito de humanizar-se.

i

Interactuar: interagir.
Internar: internar; penetrar.
Inversión: inversão; investimento.

j

Jerarquía: hierarquia.
Juguete: brinquedo.

l

Lechuga: alface.
Lejano: distante, longe.
Liderazgo: liderança.
Limpieza: limpeza; pureza; integridade; esmero, perfeição.
Lino: linho.
Lío: pacote; confusão, bagunça; encrenca.
Listo: diligente, rápido; pronto.
Llavero: chaveiro.
Lobato: filhote de lobo; lobinho.
Logro: ganho; conquista.
Lunes: segunda-feira.

m

Manteca: manteiga; gordura; nata.
Matón: homem que gosta de intimidar os demais.
Moche: povo da costa Norte do Peru.

o

Ojera: olheira.
Ovejero: pastor que cuida de ovelhas.

p

Paradoja: paradoxo, contradição.
Peca: sarda.
Pelear: brigar; lutar.
Pelota: bola.
Percha: cabide; porte, elegância.
Perilla: cavanhaque.
Perro: cachorro; cafajeste.
Pétalo: pétala.
Pez: peixe.
Pienso: ração bovina.
Pila: pia; pilha. "Nombre de pila": nome de batismo.
Pimiento: pimentão; pimenteiro.
Piña: pinha; abacaxi.
Pipa: cachimbo; pipa, tonel; semente, caroço.
Pozo: poço, cisterna.
Prueba: prova, comprovação; exame; concurso.

q

Quirúrgico: cirúrgico.

r

Rato: momento; camundongo.
Rellenar: rechear; encher; preencher.
Remolacha: beterraba.
Rescate: resgate; salvamento.
Rizado: cacheado, encaracolado.
Rutina: hábito.
Rutinario: rotineiro, habitual.

s

Salvaje: que não é cultivado nem domesticado; extremamente insensato, teimoso, rude ou grosseiro.
Sandía: melancia.
Sectario: relativo à seita; intransigente, intolerante.
Sed: sede.
Sembrar: semear.
Semilla: semente.
Sésamo: gergelim.
Sobre: acima de; próximo de; envelope.
Subrayar: sublinhar; destacar.

t

Tenaza: tenaz, alicate; pinça.
Testarudo: teimoso, voluntarioso.
Tipificar: padronizar; representar.
Tiradero: aterro sanitário.
Trofeo: troféu; vitória.

u

Ubicar: situar, acomodar; localizar; ocupar.

v

Vacaciones: férias.
Vacante: cargo; vago, vazio.
Vacuna: vacina.
Vals: valsa.
Videojuego: *videogame*.
Viernes: sexta-feira.
Villa: casa de campo.
Villano: vilão.

z

Zanahoria: cenoura.